Ottolenghi
SIMPLE

Yotam Ottolenghi avec Tara Wigley
et Esme Howarth

hachette
CUISINE

Sommaire

Introduction	vii
Brunch	3
Légumes crus	25
Légumes cuits	49
Riz, céréales et légumes secs	155
Nouilles et pâtes	177
Viande	201
Poisson	241
Desserts	267
Manger simple en toutes occasions	294
Les grandes tablées	297
Mes ingrédients signature	299
Index	303
Remerciements	307

Simple comme bonjour

Quand il s'agit de préparer le dîner, il n'existe pas qu'une seule manière de faire ; tout dépend, en fait, de votre façon d'aborder la cuisine. Une fois derrière les fourneaux, ce qui paraît simple pour les uns peut en effet être un vrai cauchemar pour les autres. Pour moi par exemple, faire simple revient à passer rapidement chez le primeur en rentrant du travail, choisir un ou deux produits qui m'inspirent et en faire un plat en 20 à 30 minutes au maximum une fois à la maison. Mon mari Karl, en revanche, a une idée de la simplicité en cuisine diamétralement opposée à la mienne : pour lui, tout est affaire d'organisation, surtout quand on reçoit. Quitte à passer un peu de temps en cuisine, il réalise toutes ses préparations à l'avance pour n'avoir plus qu'à finaliser ou à dresser ses plats une fois nos invités à table.

Bien que nos points de vue soient déjà opposés, il existe encore bien d'autres définitions de la cuisine simple : Esme, qui a testé et approuvé toutes les recettes de ce livre, préfère par exemple passer ses week-ends au jardin plutôt qu'aux fourneaux. Sa conception de la cuisine simple se résume donc à opter pour un plat à cuisson lente qu'elle prépare le samedi matin, avant de le glisser dans le four et de laisser la chaleur faire son travail pendant les quatre à cinq heures qui suivent. Tara, qui a grandement participé à la conception et rédaction de ce livre, ne peut quant à elle pas avoir l'esprit tranquille tant que le repas du lendemain n'est pas prêt et réservé au frais. Elle prépare ainsi tous les éléments la veille, garde ses sauces au réfrigérateur, congèle ses plats mijotés, blanchit et rôtit ses légumes à l'avance.

Quelle que soit notre façon de voir les choses, nos invités ont en tout cas toujours l'impression que, pour nous, tout est simple, fluide et maîtrisé en cuisine. Or, si nous sommes si détendus, c'est seulement parce que chacun d'entre nous a su trouver une organisation qui lui convient et qui lui permet de cuisiner à son propre rythme, sans efforts et sans stress.

Tout d'abord, je vous rassure, les termes « Ottolenghi » et « cuisine simple » sont bel et bien compatibles, n'en déplaise aux mauvaises langues – oui, oui, j'ai vu vos haussements de sourcils dubitatifs et vos sourires en coin !

Je le reconnais, j'ai tendance à utiliser pas mal d'ingrédients dont certains parfois difficiles à dénicher mais, je le dis fièrement, je ne rougis d'aucune de mes recettes. Mais cette philosophie n'empêche en rien la création de recettes faciles à réaliser et c'est précisément pour cette raison que je suis si enthousiaste aujourd'hui à l'idée de vous proposer ce livre qui regroupe des recettes simples.

Avec comme point de départ ces différentes visions de la simplicité, Tara a mis au point un ingénieux système de pictogrammes doublé d'un code couleur pour répertorier les différentes recettes de ce livre. Une fois que vous aurez établi quel type de cuisinier vous êtes, ces pictogrammes vous permettront d'identifier en un clin d'œil les recettes qui correspondent à votre profil. Vous pourrez ainsi planifier vos repas en fonction de l'occasion et les préparer avec un minimum d'effort et un maximum de plaisir.

Vite fait, bien fait

Une fois tous vos ingrédients à portée de main, vos couteaux aiguisés, votre four allumé et votre plan de travail dégagé, les recettes appartenant à cette catégorie ne vous prendront pas plus de 30 minutes à réaliser. Avec leur temps de cuisson très court, les plats à base de nouilles et de pâtes tiennent une place de choix dans cette section, tout comme ceux à base de poisson. La viande n'est cependant pas en reste, puisque certaines recettes comme les bouchées d'agneau (p. 217) ou les aiguillettes de poulet aux graines (p. 235) n'ont besoin que de quelques minutes de cuisson à la poêle. De même, la plupart des recettes à base de légumes crus ne demandent que peu de temps de préparation, tout comme la moitié des recettes de brunch, ce qui est toujours appréciable le matin.

En somme, les plats de cette catégorie sont ceux que je cuisine les soirs de semaine ou quand j'invite des amis pour le brunch du week-end.

10 ingrédients au maximum

La première chose que je me suis dite quand nous avons décidé de limiter la liste d'ingrédients à 10 produits au maximum, c'est que j'allais avoir du mal à respecter cette règle. Or, contre toute attente, j'ai très bien vécu cette contrainte ! Il est vrai que j'ai le vilain défaut de multiplier les saveurs et les textures mais, finalement, ne pas en avoir la possibilité a eu un effet libérateur sur moi.
Au-delà de la satisfaction d'avoir réussi mon pari, ce qui m'a véritablement enthousiasmé, c'est qu'à aucun moment je n'ai trouvé qu'une recette pâtissait de cette restriction. Je ne serai jamais capable de me passer de fines herbes – la verdure me rend heureux, c'est comme ça ! Et un petit filet de citron par-ci par là ne fait jamais de mal – mais, comme je l'ai découvert, le mieux peut parfois être l'ennemi du bien et on peut faire des recettes luxuriantes et gourmandes à souhait sans dévaliser le supermarché.

Mais alors de quels ingrédients me suis-je passé dans ces recettes ? Tout d'abord, j'ai commencé par utiliser une ou deux herbes aromatiques là où j'en utilise habituellement trois ou quatre ; une seule variété d'huile, de sel ou de piment par recette s'est également avérée amplement suffisante. De même, plutôt que de moudre et d'associer plusieurs épices et aromates de mon choix, j'ai eu recours à certains mélanges d'épices prêts à l'emploi comme le curry ou le cinq épices.

À l'exception de la harissa – dont je ne sais absolument pas me passer – et de la sriracha (dans la salade de légumes et de gambas grillés de la p. 258), j'ai cependant fait le choix de ne pas utiliser de sauces toutes prêtes, ne sachant (et ne voulant) pas faire de concessions sur la fraîcheur des produits.

Enfin, notez que certains ingrédients, comme le sel, le poivre, l'huile d'olive et, dans quelques recettes, l'ail et l'oignon, sont si indispensables que nous avons décidé de ne pas les prendre en compte dans notre calcul.

Rien ne sert de courir…

Chez Ottolenghi, la fraîcheur est notre priorité. Or, s'il est vrai que les herbes aromatiques et les légumes-feuilles n'aiment pas attendre une fois coupés et assaisonnés et que les plats nécessitant une cuisson au four sont meilleurs dégustés encore chauds, il existe de multiples astuces pour prendre de l'avance.

De nombreuses préparations, par exemple, peuvent être réalisées 1 ou 2 jours à l'avance et conservées au réfrigérateur, puis réchauffées ou ramenées à température ambiante juste avant de servir. C'est le cas de la majorité des sauces, des vinaigrettes et de certaines purées. Le congélateur est aussi votre allié, et notamment pour les ragoûts, mijotés, daubes, etc. Pourquoi ne pas doubler les quantités et garder l'excédent au congélateur pour une prochaine fois ? Cette opération ne vous demandera pas plus d'efforts qu'initialement prévus.

Il s'agit également de trouver la bonne organisation le jour J pour qu'au moment de servir, vous n'ayez qu'à combiner et dresser les différents éléments qui composent votre plat. Les fruits secs, par exemple, peuvent être grillés en amont ; de même, les pâtes et les farces peuvent se préparer à l'avance ; vous pouvez aussi cuire vos féculents, blanchir et égoutter vos légumes. Pour plus de sérénité, toutes ces tâches sont à effectuer avant l'arrivée de vos invités, voire la veille du jour J.

En ce qui concerne la viande, ce ne sont pas les possibilités qui manquent également : la farce à boulettes peut se préparer, se façonner et même, sur certaines recettes, se saisir à l'avance. Les cuisses de poulet ou les pièces de bœuf peuvent être mises à mariner 1 ou 2 jours à l'avance et cuites le jour même ; de même pour les ragoûts et autres plats en sauce que l'on peut faire mijoter 24 à 48 h à l'avance et réchauffer avant de servir.

Enfin, de nombreux desserts permettent également d'anticiper : les crèmes glacées se satisferont en effet très bien du congélateur, les barres chocolatées seront en lieu sûr au réfrigérateur, de nombreux gâteaux et la plupart des biscuits se garderont plusieurs jours dans une boîte hermétique. Dans certaines recettes, il s'agit de préparer tous les éléments séparément et de les assembler à la dernière minute : avec sa compotée de cerises, son crumble et sa crème déjà prêts, le cheesecake de la p. 268 par exemple se dresse en un clin d'œil mais fera forte impression sur le palais de vos invités.

Tout l'intérêt de cuisiner tout ou partie de ses repas à l'avance réside dans la possibilité de pouvoir profiter, le moment venu, de sa soirée et de ses invités sans avoir à faire d'incessants allers-retours entre la cuisine et la salle à manger. Quand on reçoit, on cherche bien entendu à faire plaisir à ses proches en leur offrant un bon repas, mais le but premier reste de passer du temps ensemble. L'enthousiasme que l'on met dans l'organisation d'un dîner ne devrait donc en aucun cas être gâché par le stress qu'engendre sa réalisation. On ne va de toute façon pas manger chez des amis pour déguster des plats servis minute et tirés au cordeau ; après tout, c'est à cela que servent les restaurants. Alors, si vous aimez préparer vos repas à l'avance, ne vous amusez pas à jongler avec les casseroles le soir où vos amis viennent dîner.

Le placard à l'honneur

Le contenu de nos placards dépend de ce que nous aimons manger et cuisiner, et varie donc d'une personne à l'autre. Par conséquent, je suis bien conscient que ce n'est pas parce que j'ai toujours un pot de tahin, une boîte de thé vert et du chocolat noir à portée de main dans ma cuisine que c'est le cas de tout le monde.

Ceci étant dit, je suis parti du principe que certains ingrédients étaient véritablement incontournables, quel que soit le type de cuisine que l'on pratique. En voici la liste :

Les ingrédients incontournables

Huile d'olive
Beurre doux
Farine
Œufs (de gros calibre)
Ail
Oignons
Citrons
Yaourt à la grecque
Parmesan (ou pecorino)
Herbes aromatiques
Pâtes
Riz
Légumes secs en conserve (lentilles, pois chiches, haricots blancs)
Thon et anchois en conserve
Sel et poivre

Dans ce livre, les recettes signalées par le pictogramme ci-contre sont donc principalement élaborées à base de ces ingrédients. Il se peut que vous ayez à compléter la recette avec un produit frais – un morceau de cabillaud ou d'églefin pour la recette de pétales de cabillaud (p. 262) ou des pousses d'épinard pour la recette de gigli (p. 191) – en faisant un saut rapide chez le poissonnier, le boucher ou le primeur en rentrant du travail, mais l'idée est d'éviter les listes de courses à rallonge et les commissions aux quatre coins de la ville.

Outre ces incontournables, voici dix de mes ingrédients « signature » que vous n'avez a priori pas à la maison mais que je vous encourage vivement à découvrir, car ils vous permettront de donner du goût à tous vos plats avec un minimum d'effort ; et après tout, n'est-ce pas là le secret de la cuisine simple ?

Mes ingrédients signature

Sumac
Zaatar
Piment d'Urfa en flocons
Cardamome en poudre
Mélasse de grenade
Harissa à la rose
Tahin
Baies d'épine-vinette
Ail noir
Citron confit

Pour en savoir plus sur ces ingrédients, rendez-vous p. 299.

En créant ces recettes, j'ai également pris en compte les saisons, et certains plats sont donc plus facilement réalisables à certaines périodes de l'année qu'à d'autres. Autour de Noël par exemple, il y a de grandes chances que vous ayez déjà des châtaignes et champignons dans vos provisions, la recette de la p. 112.
Enfin, ces « recettes du placard » ont la particularité de pouvoir s'adapter en fonction de ce que vous avez sous la main : j'ai conçu ma sauce fourre-tout (p. 37) par exemple, avec les herbes aromatiques que j'avais à disposition ce jour-là mais vous pouvez très bien remplacer l'estragon par un peu plus de basilic. De même, les barres chocolatées (p. 288) supporteront très bien les modifications : n'hésitez pas à utiliser tout autre fruit séché, chocolat aromatisé et alcool que vous auriez à disposition. Vous verrez, il y a quelque chose de gratifiant à réussir un bon petit plat (ou dessert) uniquement avec ce que l'on a sous la main.

L'éloge de la paresse

Cette catégorie de recettes est destinée aux partisans du moindre effort, ceux qui aiment cuisiner mais refusent de passer des heures aux fourneaux. Ici, la part belle est faite aux plats en sauce qui mijotent tranquillement sur le feux pendant que vous vous occupez du jardin, aux céleris-raves rôtis que vous pourrez « oublier » 3 h au four (p. 128) et aux cuisses de poulet que vous laisserez mariner toute la nuit avant de les enfourner le lendemain (p. 229).

C'est aussi dans cette catégorie que vous trouverez les recettes qui ne nécessitent que très peu de matériel, de manipulations et de technique : des plats comme les carottes nouvelles à la harissa (p. 116) ou les châtaignes et champignons au zaatar (p. 112), qui ne sont que des légumes étalés sur une plaque, assaisonnés de quelques aromates bien choisis et rôtis au four.

Les gâteaux sans cuisson et les plats de riz au four trouveront aussi leur place ici, ainsi que tous ces petits plats qui embaument la maison de leurs divins effluves, qui ne génèrent que très peu de vaisselle et qui dégagent du temps au cuisinier.

À la portée de tous

Le concept de simplicité étant subjectif, le ressenti de chacun sur une même tâche peut varier du tout au tout : faire son propre pain, par exemple, est soit un geste qui nous été inculqué dès le plus jeune âge et qui nous paraît enfantin, soit une idée complètement loufoque. Il en va de même pour les pâtes à tarte, les crèmes glacées, les yaourts filtrés ou les crèmes dessert.

Parfois, ce sont les petites choses – comme réussir la cuisson de la semoule, du riz, des œufs – qui peuvent aussi nous donner du fil à retordre ; mais toutes les recettes estampillées de ce pictogramme sont incroyablement faciles à réaliser.

Si on se fie à leur intitulé, certaines recettes comme la burrata au basilic (p. 43) ou le tartare de truite (p. 243) donnent l'impression de sortir tout droit de la carte d'un grand restaurant, mais vous serez surpris de voir qu'elles sont en fait à la portée de tous ! Dans le même esprit, ne vous laissez pas intimider par les termes techniques comme « confit », « cru-cuit », ou les appellations étrangères, « arayes », « semifreddo », en réalité bien moins compliqués qu'ils n'y paraissent.

Un mot sur les ingrédients, la durée de conservation et les températures

À moins que ce ne soit précisé autrement, tous les œufs utilisés dans les recettes qui suivent sont des œufs de gros calibre ; toutes les herbes aromatiques sont des herbes fraîches ; tous les oignons sont des oignons blancs ; tous les poids notés entre parenthèses sont des poids nets égouttés ; tous les citrons confits sont de petit calibre, tous les zestes d'agrumes doivent être prélevés sans le zist et, toujours en l'absence d'indications contraires, l'ail, les oignons, échalotes et échalions doivent être pelés avant utilisation.

De même pour le lait, le sel, le poivre, le persil et l'huile d'olive, j'entends du lait entier, du sel de table, du poivre du moulin fraîchement moulu, du persil plat et de l'huile d'olive vierge extra. Enfin, pour la harissa à la rose, toutes les recettes ont été testées avec de la harissa Belazu : la puissance de la harissa pouvant cependant varier d'une marque l'autre, vous trouverez à chaque fois des conseils pour ajuster au mieux la quantité.

Quand une recette peut – partiellement ou intégralement – se préparer à l'avance, je vous ai systématiquement précisé le moment à partir duquel vous pouvez démarrer votre recette : jusqu'à 6 h à l'avance, 2 jours, 1 semaine, etc. Certains facteurs – comme le temps passé en dehors du réfrigérateur, la température de votre cuisine, etc. – pouvant cependant affecter la durée de conservation de vos préparations, il va de soi que ces recommandations restent indicatives et qu'il vous appartient de juger au cas par cas ce qui vous paraît encore bon ou non. De même, si vous gardez certains éléments de vos recettes au frais comme recommandé, pensez à les ramener à température ambiante ou à les réchauffer avant de les déguster.

Enfin toutes ces recettes ont été testées avec un four à chaleur tournante. Si ce n'est pas le cas du vôtre, reportez-vous au tableau de conversion des températures que vous trouverez à l'adresse Web suivante : books.ottolenghi.co.uk. Nous vous conseillons également d'utiliser un thermomètre de four pour éviter les variations de température.

Brunch

Œufs braisés, poireaux et zaatar

Pour 6 personnes
30 g de beurre doux
2 cuil. à soupe d'huile d'olive
2 gros poireaux (ou 4 petits), parés et coupés en rondelles de 0,5 cm d'épaisseur (530 g)
1 cuil. à café de graines de cumin, torréfiées et grossièrement écrasées
2 petits citrons confits, épépinés, chair et peau hachées finement (30 g)
300 ml de bouillon de légumes
200 g de pousses d'épinard
6 œufs de gros calibre
90 g de feta, détaillée en dés d'env. 2 cm
1 cuil. à soupe de zaatar
Sel et poivre noir

Voici une recette qui permet de concocter un bon petit plat en un temps record. Parfaits au brunch avec une tasse de café, ces œufs peuvent aussi se déguster le soir, accompagnés d'une tranche de pain bien croustillant et d'un verre de vin pour un dîner léger. Les poireaux et les épinards pourront supporter une cuisson la veille, à condition d'être ensuite conservés au réfrigérateur. Il ne vous restera ainsi qu'à les réchauffer le jour J et à ajouter les œufs !

1. Commencez par faire fondre le beurre dans une grande sauteuse à feu moyen-vif, avec 1 cuillère à soupe d'huile d'olive. Dès qu'il commence à mousser, ajoutez les poireaux, ½ cuillère à café de sel et quelques tours de moulin à poivre. Laissez les poireaux suer jusqu'à ce qu'ils soient tendres (env. 3 min.) en remuant régulièrement. Ajoutez le cumin, le citron, et déglacez avec le bouillon. Poursuivez la cuisson 4 à 5 minutes, jusqu'à ce que la quasi-totalité du liquide se soit évaporée. Incorporez les épinards, laissez cuire encore 1 minute, puis baissez le feu (feu moyen).

2. À l'aide d'une grosse cuillère, creusez 6 puits dans votre mélange poireaux/épinards, puis cassez un œuf dans chaque puits. Assaisonnez les œufs de 1 pincée de sel, parsemez le tout de dés de feta, puis laissez mijoter à couvert 4 à 5 minutes : en fin de cuisson, vos blancs d'œufs doivent être cuits, mais vos jaunes encore coulants.

3. Dans un petit bol, mélangez le zaatar avec la cuillère à soupe d'huile d'olive restante et laquez votre préparation de cette huile parfumée. Servez aussitôt, directement dans la poêle.

Photo à la page précédente

Omelettes gratinées à la harissa et au manchego

J'aime cuisiner ce plat pour le brunch du week-end, mais aussi les soirs de semaine quand j'ai peu de temps devant moi, accompagné d'une salade de tomates et d'avocats. Les oignons peuvent être cuits jusqu'à 2 jours à l'avance, à condition de les conserver ensuite au réfrigérateur. Si vous optez pour cette solution, n'hésitez pas à doubler les quantités et à utiliser le surplus pour parfumer vos œufs brouillés, vos salades, taboulés, etc. De même, vous pouvez préparer votre appareil à base d'œufs la veille pour, le moment venu, n'avoir plus qu'à le verser dans la poêle et hop ! C'est prêt !

1. Préchauffez le gril à température maximale.

2. Dans une poêle de 18 à 20 cm de diamètre passant au four, faites chauffer 3 cuillères à soupe d'huile d'olive à feu moyen. Ajoutez l'oignon et laissez colorer 15 minutes en remuant de temps en temps avant de débarrasser dans un saladier. Dans ce même récipient, ajoutez les œufs, le lait, la harissa, les graines de nigelle, la moitié de la coriandre, ½ cuillère à café de sel et quelques tours de moulin à poivre avant de battre le tout au fouet et de réserver.

3. Essuyez votre poêle avec du sopalin, puis mettez 2 cuillères à café d'huile à chauffer à feu moyen-vif. Versez un quart de votre préparation dans la poêle en jouant du poignet pour qu'elle tapisse uniformément le fond. Laissez cuire 1 minute, puis saupoudrez d'un quart du manchego. Terminez la cuisson en glissant votre poêle 1 minute sous le gril, pour que le fromage gratine. À l'aide d'une spatule, décollez les bords de votre omelette et faites-la glisser sur une assiette. Réservez au chaud et répétez l'étape 3 jusqu'à obtenir quatre omelettes.

4. Parsemez vos omelettes du reste de coriandre et servez aussitôt, avec ½ citron vert par personne.

Pour 4 personnes
85 ml d'huile d'olive
1 gros oignon, émincé (250 g)
12 œufs de gros calibre, légèrement battus
100 ml de lait entier
80 g de harissa à la rose (ajustez la quantité selon la variété choisie ; voir p. 301)
2 cuil. à café de graines de nigelle
15 g de coriandre, hachée
110 g de manchego, râpé
2 citrons verts, coupés en deux
Sel et poivre noir

Photo à la page précédente

Frittata moelleuse aux courgettes

Quand Karl et moi recevons le week-end, cette frittata est souvent de la partie. Nous la servons avec une salade verte aux fines herbes et à la feta assaisonnée d'une vinaigrette olive/citron. Le secret de cette recette réside dans l'imbibage de la mie de pain, une astuce qui lui confère une texture à la fois légère, moelleuse et gourmande. Mais ce n'est pas une raison pour jeter la croûte ! Mixez-la plutôt au robot, puis congelez-la : vous aurez ainsi de la chapelure toute prête pour votre prochaine recette. Vous pouvez préparer votre frittata jusqu'à 4 heures à l'avance et la réchauffer 5 minutes avant de servir. De même, les éventuels restes peuvent se conserver 24 h au réfrigérateur et être finis le lendemain après un passage de 10 minutes dans le four – mais gardez à l'esprit qu'une frittata est toujours meilleure le jour même !

1. Préchauffez le four à 180 °C (chaleur tournante).

2. Versez les morceaux de ciabatta dans un cul-de-poule et arrosez de lait et de crème. Mélangez, puis couvrez et laissez le pain se gorger du liquide pendant 30 minutes.

3. Dans un saladier, mélangez l'ail, les œufs, le cumin et 50 g de parmesan avec ¾ de cuillère à café de sel et ¼ de cuillère à café de poivre. Une fois le mélange homogène, ajoutez le pain trempé (ainsi que le résidu de liquide, s'il y a), puis les courgettes, le basilic et mélangez délicatement.

4. Mettez un plat à gratin de 20 x 25 cm à chauffer au four pendant 5 minutes, puis badigeonnez-le d'huile et versez-y votre préparation. Lissez la surface et enfournez. Au bout de 20 minutes, saupoudrez du parmesan restant et laissez dorer 20 à 25 minutes, jusqu'à ce qu'une lame insérée au centre ressorte sèche. Laissez reposer 5 minutes, puis servez.

Pour 6 personnes

500 g de ciabatta, débarrassée de sa croûte et grossièrement déchirée (250 g)

200 ml de lait entier

200 ml de crème entière liquide

2 grosses gousses d'ail, pelées et écrasées au presse-ail

6 œufs de gros calibre, légèrement battus

¾ de cuil. à café de cumin en poudre

80 g de parmesan, râpé finement

2 courgettes, râpées (430 g)

25 g de feuilles de basilic, déchirées

2 cuil. à soupe d'huile d'olive

Sel et poivre noir

Toasts briochés, champignons et œufs pochés

Comme pour toutes les recettes à base de pain grillé et d'œufs, tout est affaire de timing : pour que vos champignons et vos toasts soient encore chauds au moment de servir, ils doivent sortir du four à peu près en même temps, et ce juste avant que la cuisson de vos œufs ne se termine. Concrètement, lancez les champignons en premier ; à mi-cuisson, enfournez les tranches de brioche, puis démarrez la cuisson des œufs dans la foulée. Sachez que ces toasts peuvent aussi être servis en entrée ; et pour encore plus de gourmandise, n'hésitez pas à remplacer les œufs de poule par des œufs de cane bien cuits.

Pour 4 personnes

- **400 g de gros champignons de Paris blonds**, détaillés en lamelles de 1 cm d'épaisseur
- **75 ml d'huile d'olive**
- **2 gousses d'ail**, pelées et écrasées au presse-ail
- **½ cuil. à café de cannelle**
- **5 g de feuilles de basilic**, déchirées
- **⅛^e de cuil. à café de piment en flocons**, plus quelques flocons pour le dressage
- **4 tranches de brioche** de 2 cm d'épaisseur (env. 150 g)
- **4 œufs de gros calibre**
- **100 g de crème fraîche**
- **Fleur de sel et poivre noir**

Brunch

1. Préchauffez le four à 220 °C (chaleur tournante).

2. Dans un cul-de-poule, enrobez les champignons de 3 cuillères à soupe d'huile d'olive, 1 gousse d'ail, ¼ de cuillère à café de cannelle, ½ cuillère à café de fleur de sel et quelques tours de moulin à poivre. Déposez les champignons sur une grande plaque à four chemisée et enfournez pour 15 minutes, en les retournant à mi-cuisson. Quand ils sont tendres et joliment colorés, sortez-les du four et mélangez-les délicatement avec le basilic.

3. Dès que les champignons sont au four, mélangez 2 cuillères à soupe d'huile avec le reste de cannelle et d'ail, le piment et ¼ de cuillère à café de fleur de sel. Badigeonnez les tranches de brioche de ce mélange (sur une face seulement) et disposez-les sur une seconde plaque chemisée, face enduite vers le haut. Après avoir retourné les champignons à mi-cuisson, enfournez votre plaque de brioche pour 6 à 7 minutes, le but étant d'obtenir des toasts bien dorés et croustillants.

4. Dès que les toasts sont au four, remplissez une casserole d'eau, portez à ébullition, puis baissez le feu (moyen-vif). À l'aide d'une écumoire, créez un tourbillon et cassez délicatement chaque œuf dans l'eau. Laissez pocher 1 minute 30 pour des jaunes bien coulants, ou quelques secondes supplémentaires si vous les préférez plus fermes.

5. Dressez un toast par assiette, garnissez de champignons, puis sortez les œufs de l'eau avec votre écumoire et déposez-les sur les champignons. Assaisonnez d'une pincée de sel et de piment, et servez chaud, avec une cuillère de crème fraîche.

Brouillade de tofu à la harissa

Au départ, nous avons créé cette recette pour nos clients vegan, mais elle a reçu un tel accueil que, depuis, nombreux sont nos clients – vegan ou non – qui la choisissent au petit déjeuner, pour changer des œufs brouillés. Comme ici, nous la servons sur d'épaisses tranches de pain grillé et accompagnée de crudités. Si vous avez une épicerie asiatique près de chez vous, testez aussi avec des oignons frits croustillants : un régal ! Côté pratique, si vous pensez adopter cette recette pour vos petits déjeuners quotidiens, doublez – voire quadruplez – les quantités d'oignons à la harissa : ils se gardent facilement 5 jours au réfrigérateur et vous permettront de préparer ce plat en à peine 5 minutes le matin. Merci à Claire Hodgson pour cette recette.

1. Commencez par mettre l'huile d'olive à chauffer dans une grande poêle à feu moyen-vif. Ajoutez les oignons et faites-les revenir 9 à 10 minutes en remuant régulièrement, jusqu'à ce qu'ils soient fondants et bien colorés.

2. Pendant ce temps, préparez la salade en mélangeant tous les ingrédients avec 1/3 de cuillère à café de sel et réservez.

3. Ajoutez la harissa dans les oignons et faites revenir encore 1 minute en mélangeant continuellement. Ajoutez le tofu, ¾ de cuillère à café de sel puis, à l'aide d'un presse-purée, écrasez le tofu pour lui donner la consistance d'œufs brouillés et poursuivez la cuisson encore 2 minutes. Dressez sur les tranches de pain grillé et servez avec la salade avocat-concombre.

Pour 6 personnes

2 cuil. à soupe d'huile d'olive

2 oignons, émincés (300 g)

22 g de harissa à la rose (ajustez la quantité selon la variété choisie ; voir p. 301)

700 g de tofu soyeux, égoutté

6 tranches de pain au levain, grillées

Sel

SALADE AVOCAT-CONCOMBRE

½ concombre, coupé en deux dans le sens de la longueur, évidé puis taillé en sifflet (180 g)

2 piments verts, épépinés et émincés

3 avocats, détaillés en lamelles (400 g)

20 g de coriandre

1 cuil. à soupe d'huile d'olive

2 cuil. à soupe de jus de citron vert

1 cuil. à café de graines de nigelle

Tartines au beurre d'avocat et tomates en sauce vierge

Pour 2 personnes en plat principal (2 tartines/pers.) ou pour 4 en collation (1 tartine/pers.)

2 ou 3 avocats, à température ambiante (250 g)

60 g de beurre doux, en cubes de 2 cm et à température

3 citrons verts : 1,5 cuil. à soupe de zeste et 1,5 cuil. à soupe de jus

10 g d'aneth, haché

10 g de feuilles d'estragon, hachées

200 g de tomates cerise, coupées en quatre

2 cuil. à soupe d'huile d'olive, plus un filet

2 cuil. à café de câpres, hachées finement

4 tranches de pain au levain (300 g)

1 petite gousse d'ail, pelée et coupée en deux

¼ de cuil. à café de graines de cumin, torréfiées et écrasées

Sel et poivre noir

Comment rendre un bel avocat bien riche et crémeux encore plus riche et crémeux ? En le mélangeant à un bon beurre riche et crémeux, bien sûr ! Certes, il ne faut pas abuser des bonnes choses mais, rassurez-vous, la sauce vierge est là pour apporter de la fraîcheur, une pointe d'acidité et un bel équilibre au plat.

Pour un beurre d'avocat bien lisse, choisissez un avocat de bonne qualité et mûr à point et assurez-vous que votre beurre est suffisamment malléable (pommade) pour se mélanger à la chair d'avocat. Ne cherchez surtout pas à le faire fondre pour gagner du temps, vous n'arriverez jamais à lier les deux matières en procédant ainsi : laissez-le simplement ramollir quelques heures à température ambiante. Vous pouvez préparer le beurre d'avocat et la sauce la veille : il vous suffira ensuite de les conserver au réfrigérateur, dans deux récipients séparés.

1. Versez la chair d'avocat et le beurre dans un petit robot (ou dans un cul-de-poule, si vous n'avez qu'un mixeur plongeant) avec la moitié du zeste et du jus de citron vert et ½ cuillère à café de sel. Mixez jusqu'à obtenir un mélange homogène, en raclant les bords du bol. Débarrassez dans une jatte et incorporez deux tiers de l'aneth et de l'estragon. Réservez 10 minutes au réfrigérateur.

2. Pour la sauce vierge, mélangez les tomates avec l'huile d'olive, les câpres, le reste de zeste et de jus de citron vert et quelques tours de moulin à poivre. Réservez jusqu'au moment de servir.

3. Faites griller les tranches de pain au four ou au grille-pain, puis frottez-les à l'ail sur une face. Laissez tiédir quelques minutes, puis tartinez de beurre d'avocat et garnissez de tomates en sauce vierge. Saupoudrez de graines de cumin, du reste d'aneth et d'estragon, donnez un tour de moulin à poivre et terminez avec un filet d'huile d'olive.

Brunch

Pain de betterave au chèvre et aux graines

Pour 1 pain (soit 10 parts)
50 g de flocons d'avoine
10 g de thym, haché
50 g de graines de courge
2 cuil. à café de graines de carvi
2 cuil. à café de graines de nigelle
100 g de farine tout usage
100 g de farine complète
2 cuil. à café de levure chimique
¼ de cuil. à café de bicarbonate de soude
2 betteraves crues pelées et râpées finement (200 g)
2 œufs de gros calibre
80 ml d'huile de tournesol, plus 1 cuil. à soupe pour le moule
80 g de crème fraîche
1 cuil. à soupe de miel
20 g de parmesan, râpé
120 g de palets de fromage de chèvre frais, détaillés en morceaux d'env. 2 cm
Sel

Faire du pain sans avoir à pétrir ou à laisser pousser la pâte : n'est-ce pas la définition même de la simplicité ? Bien entendu, la texture s'en ressent et on obtient ici une consistance plus proche de celle d'un cake que de celle d'un pain traditionnel, mais ce pain reste divin tartiné de beurre salé. Une fois cuit, il se conservera 1 semaine dans une boîte hermétique ou 1 mois au congélateur. Comme il est assez friable, préférez le four au grille-pain pour le réchauffer.

1. Préchauffez le four à 180 °C (chaleur tournante), puis huilez et chemisez le fond d'un moule à cake de 20 cm x 10 cm.

2. Dans un bol, mélangez les flocons d'avoine, le thym, les graines de courge, de carvi, de nigelle et réservez. Dans un saladier, versez les deux farines, la levure chimique, le bicarbonate de soude et ¾ de cuillère à café de sel. Mélangez au fouet pour aérer les poudres, puis ajoutez (sans mélanger !) les betteraves râpées et le mélange à base de flocons d'avoine et de graines, en prenant soin d'en réserver 1 cuillère à soupe.

3. Dans un cul-de-poule, battez les œufs avec l'huile, la crème aigre, le miel et le parmesan, puis versez sur l'appareil à la betterave. Mélangez le tout à la spatule, puis ajoutez le fromage de chèvre et mélangez à nouveau en essayant de ne pas l'écraser.

4. Versez dans le moule et parsemez du restant de flocons d'avoine et de graines. Enfournez pour 40 minutes, puis recouvrez hermétiquement de papier d'aluminium avant de laisser cuire encore 40 minutes. Quand une lame de couteau insérée au centre ressort relativement sèche, sortez votre pain du four et laissez-le reposer 5 minutes avant de le démouler sur une grille. Retournez-le aussitôt et laissez tiédir 20 minutes avant de le découper. L'extérieur doit être croustillant et d'une belle couleur foncée.

Pain de maïs au fromage et au piment

Parmi les plats qui égayent instantanément une table, celui-ci est l'un de mes favoris, surtout quand il est servi bien chaud, tout juste sorti du four. Délicieusement parfumé, il se suffit à lui seul.

Si possible, dégustez-le le jour même, mais vous pouvez terminer les restes le lendemain, après un petit passage au four. Côté conservation, ce pain de maïs peut se garder jusqu'à 1 mois au congélateur. Enfin, si vous ne trouvez pas de maïs frais, vous pouvez opter pour 150 g de maïs en boîte (égoutté).

1. Préchauffez le four à 170 °C (chaleur tournante).

2. Faites chauffer une sauteuse en fonte passant au four d'env. 28 cm de diamètre à feu vif. Ajoutez les grains de maïs et faites-les sécher 4 à 5 minutes en remuant de temps en temps, jusqu'à ce qu'ils commencent à noircir. Débarrassez dans un bol et laissez tiédir.

3. Tamisez la farine, la levure chimique, le bicarbonate de soude, le cumin et le piment de Cayenne dans un cul-de-poule. Ajoutez le sucre, 1,5 cuillère à café de sel, quelques tours de moulin à poivre et mélangez.

4. Dans un saladier, versez la polenta, la crème fraîche, les œufs et 120 ml d'huile, puis battez le tout au fouet quelques secondes. Versez les poudres de l'étape 3 dans ce mélange, puis le reste des ingrédients, en mélangeant juste assez pour les incorporer.

5. À l'aide d'un pinceau de cuisine, badigeonnez la sauteuse en fonte de 1 cuillère à soupe d'huile d'olive. Versez votre appareil dans la sauteuse, répartissez tous les ingrédients prévus pour la garniture sur le dessus, puis enfournez pour 40 à 45 minutes jusqu'à ce qu'une lame insérée au centre ressorte sèche. Servez bien chaud, tiède ou à température ambiante, de préférence le jour même. Le lendemain, si vous avez des restes, passez-les au four juste avant de les déguster.

Pour 1 pain (10 à 12 parts)
2 petits épis de maïs frais, égrenés (150 g)
140 g de farine
1 cuil. à café de levure chimique
½ cuil. à café de bicarbonate de soude
1 cuil. à soupe de cumin en poudre
1 cuil. à café de piment de Cayenne
50 g de sucre de canne
180 g de polenta instantanée
360 g de crème fraîche
2 œufs de gros calibre
135 ml d'huile d'olive
4 cébettes, hachées
10 g de coriandre, hachée
1 piment jalapeño, taillé en brunoise
Sel et poivre noir

POUR LA GARNITURE
100 g de feta, émiettée
100 g de cheddar râpé
1 piment jalapeño, émincé
½ oignon rouge, émincé en demi-lunes de 0,5 cm d'épaisseur
2 cuil. à café de graines de nigelle

Croquettes aux petits pois, à la feta et au zaatar

Pour 6 personnes
(soit 25 à 30 croquettes)

500 g de petits pois surgelés, décongelés

120 g de ricotta

3 œufs de gros calibre, battus

1 citron : 1 cuil. à café de zeste et 6 quartiers

3 cuil. à soupe de zaatar

100 g de farine

1,5 cuil. à café de levure chimique

20 g de feuilles de menthe, ciselées

200 g de feta, détaillée en dés d'env. 2 cm

Env. 800 ml d'huile de tournesol, pour la friture

Sel et poivre noir

Pour moi, cette recette se résume à la liste de mes aliments préférés : petits pois, ricotta, zaatar et feta. Dites-moi en plus qu'il faut faire frire tout ça et me voilà aux fourneaux, prêt à dévorer ces délicieuses croquettes croustillantes. Si vous êtes plus patient que moi, sachez qu'elles sont aussi très bonnes à température ambiante, bien que moins croustillantes. La pâte peut se préparer à l'avance et se conserver 24 h au réfrigérateur, à condition de n'y incorporer la levure chimique et la menthe qu'au dernier moment.

Comme moi, vous pouvez servir ces croquettes accompagnées d'un quartier de citron ou, si vous préférez, avec une petite sauce menthe/citron. Pour ce faire, mélangez 300 g de crème fleurette avec le jus de ½ citron jusqu'à ce qu'elle épaississe, puis incorporez 10 g de feuilles de menthe hachées, 2 cuil. à café de menthe séchée, ½ cuil. à café de zeste de citron finement râpé et ¼ de cuil. à café de sel.

1. Mixez grossièrement les petits pois au robot, puis transvasez dans un saladier. Ajoutez la ricotta, les œufs, le zeste de citron, ¾ de cuillère à café de sel et quelques tours de moulin à poivre. Mélangez bien, puis ajoutez le zaatar, la farine et la levure chimique. Mélangez juste assez pour obtenir un appareil homogène, puis incorporez délicatement la menthe et le fromage, en essayant de ne pas casser les dés de feta.

2. Faites chauffer l'huile dans une casserole de taille moyenne à feu moyen-vif. À l'aide de deux grosses cuillères, façonnez des quenelles de pâte et déposez-les délicatement dans la poêle. La forme importe peu, mais essayez de les faire toutes de la même taille (env. 4 cm de large) : vous devriez pouvoir ainsi en faire frire 6 à 7 en même temps. Faites dorer vos croquettes 3 à 4 minutes en les retournant une fois à mi-cuisson. À l'aide d'une écumoire, débarrassez les premières croquettes sur une assiette recouverte de papier absorbant. Servez chaud, avec un quartier de citron.

Galettes iraniennes aux herbes

Pour 8 galettes
(comptez 1 galette/pers. si vous garnissez des pitas, ou 2 galettes/pers. si vous les dégustez telles quelles)
40 g d'aneth, ciselé
40 g de feuilles de basilic, ciselées
40 g de feuilles de coriandre, ciselées
1,5 cuil. à café de cumin en poudre
2 tranches de pain de mie, hachées (50 g)
3 cuil. à soupe de baies d'épine-vinette (ou de raisins de Corinthe, voir p. 301)
25 g de cerneaux de noix, torréfiés et grossièrement hachés
8 œufs de gros calibre, battus
60 ml d'huile de tournesol, pour la friture
Sel

Ces galettes se dégustent telles quelles, à température ambiante, ou accompagnées d'une sauce verte au sésame et garnies de quelques herbes supplémentaires. Pour la sauce au sésame, mixez 50 g de tahin, 30 g de persil, ½ gousse d'ail écrasée au presse-ail, 2 cuil. à soupe de jus de citron et 1/8ᵉ de cuil. à café de sel pendant 30 secondes, puis ajoutez 125 ml d'eau et mixez à nouveau. Cette sauce se mariant avec toutes sortes de plats, comme des viandes et poissons grillés ou des légumes rôtis, n'hésitez pas à doubler ou tripler les quantités et à garder l'excédent au réfrigérateur (5 jours max). Si elle devient trop épaisse, délayez-la simplement avec un peu d'eau ou de jus de citron jusqu'à retrouver la bonne consistance.

Idéales pour finir les herbes qui dorment au fond du réfrigérateur, ces galettes fourre-tout supportent bien qu'on modifie leur recette en fonction de ce que l'on a sous la main. La pâte crue peut se garder 24 h au réfrigérateur.

Une autre façon de déguster ces galettes consiste à les utiliser comme garniture dans des pitas, que vous fourrerez également de yaourt, de sauce pimentée, de cornichons (ou autres pickles) et de tahin. Dans ce cas, comptez une galette par personne plutôt que deux.

1. Versez tous les ingrédients sauf l'huile dans un saladier avec ½ cuillère à café de sel. Mélangez, puis réservez.

2. Versez 2 cuillères à soupe d'huile dans une grande poêle antiadhésive sur feu moyen-vif. Une fois l'huile bien chaude, versez 4 louches de pâte dans la poêle pour obtenir des galettes de 12 cm de diamètre. Laissez dorer 1 à 2 minutes sur chaque face, jusqu'à ce que l'extérieur soit bien croustillant. Débarrassez sur une assiette recouverte de papier absorbant et réservez le temps de cuire les autres galettes en répétant l'étape 2.

3. Servez chaud ou à température ambiante.

Légumes crus

Légumes crus

Soupe de concombre froide, chou-fleur et gingembre

Pour 4 personnes

4 brins de menthe fraîche

90 g de gingembre (env. 12 cm), pelé : râpez grossièrement les ⅔ et coupez le tiers restant en rondelles de 3 mm d'épaisseur

½ petit chou-fleur, détaillé en sommités de 2 cm (350 g)

3 concombres standard ou 8 concombres libanais, pelés, évidés (pour les standard) et détaillés en tronçons (650 g)

1 gousse d'ail, pelée et écrasée au presse-ail

500 g de yaourt à la grecque

2 cuil. à soupe de jus de citron

60 ml d'huile d'olive

70 g d'amandes effilées

2 cuil. à café de menthe séchée

Sel et poivre blanc

Quand on a envie d'une soupe froide, on pense aussitôt au gaspacho ; or, il existe tellement d'autres possibilités ! Cette soupe, par exemple, est une excellente alternative, avec ses saveurs fraîches et son jeu de textures. Si vous trouvez des concombres libanais, ne laissez pas passer l'occasion : plus petits et plus fermes que les concombres classiques, ils renferment moins d'eau et sont plus concentrés en goût.

Cette soupe peut se préparer 2 jours à l'avance et se conserver au réfrigérateur, mais les amandes devront être torréfiées au dernier moment.

1. Versez 800 ml d'eau dans une casserole de taille moyenne et ajoutez les brins de menthe fraîche, les rondelles de gingembre et 2 cuillères à café de sel. Portez à ébullition, puis blanchissez le chou-fleur 2 à 3 minutes, de manière à ce qu'il soit cuit mais encore croquant. Égouttez, ôtez la menthe et le gingembre et réservez.

2. Versez les morceaux de concombres dans le bol d'un blender ou d'un robot et mixez avec le gingembre râpé, l'ail, le yaourt, le jus de citron, 1 cuillère à café de sel et ½ cuillère à café de poivre blanc, jusqu'à obtenir une soupe bien onctueuse. Réservez au moins 1 h au frais.

3. Dans une petite casserole, faites chauffer l'huile à feu moyen, puis ajoutez les amandes et laissez dorer 3 à 4 minutes, en remuant régulièrement. Débarrassez dans un cul-de-poule, ajoutez la menthe séchée, 1 pincée de sel et mélangez avant de laisser tiédir.

4. Au moment de servir, dressez les sommités de chou-fleur dans quatre assiettes creuses et recouvrez de soupe froide. Parsemez d'amandes à la menthe et servez.

Carpaccio de cœurs de bœuf, cébettes et gingembre

Comme toujours avec les plats à base de tomates – et surtout de tomates crues –, tout repose sur la qualité des matières premières. Choisissez donc des tomates bien sucrées, au pic de leur maturité, et un vinaigre de Xérès de qualité supérieure (comme le Valdespino). Pour la sauce aux cébettes, n'hésitez pas à doubler ou tripler les quantités : pouvant se conserver 5 jours au réfrigérateur, elle fera des heureux avec du poulet rôti ou sur des tranches de pain grillé avec de la mozzarella ou de l'avocat (ou les deux !). Une fois dressé, ce carpaccio pourra également rester 6 heures au réfrigérateur sans s'altérer, mais pensez à le sortir assez tôt pour qu'il revienne à température ambiante. Un grand merci à Ixta Belfrage pour avoir eu la curiosité de commander cette assiette dans un restaurant de Chinatown après l'avoir remarquée sur une table voisine.

1. Dans un mortier, pilez le gingembre avec ½ cuillère à café de fleur de sel. Transvasez la pâte obtenue dans un bol, ajoutez les rondelles de cébettes et mélangez.

2. Dans une petite casserole, faites chauffer l'huile à feu doux (elle doit être à peine chaude), puis ajoutez les cébettes au gingembre et 1 cuillère à café de vinaigre. Mélangez, puis réservez.

3. Sur un grand plat de service, disposez les tranches de tomates en rosace, puis assaisonnez avec ¼ de cuillère à café de fleur de sel et la cuillère à café de vinaigre restante. Répartissez la sauce aux cébettes sur les tomates (avec une cuillère ou à la main), parsemez de piment, de coriandre et terminez avec un filet d'huile d'olive.

Pour 4 personnes en accompagnement

10 g de gingembre (env. 2 cm), pelé et grossièrement haché

3 cébettes, émincées (45 g)

40 ml d'huile de tournesol (ou autre huile neutre)

2 cuil. à café de vinaigre de Xérès de bonne qualité

2 ou 3 tomates Cœur de bœuf, coupées en rondelles de 2 mm d'épaisseur (400 g)

¼ de piment vert, épépiné et émincé

1,5 cuil. à soupe de coriandre, ciselée

1 cuil. à soupe d'huile d'olive

Fleur de sel

Légumes crus

Raïta de tomates et de concombres

Le caviar de piment peut se conserver 3 jours au réfrigérateur et la raïta 2 jours.

Pour 4 à 5 personnes

- **200 g de yaourt à la grecque**
- **10 g de feuilles de menthe**, ciselées
- **1 cuil. à soupe de jus de citron**
- **2 cuil. à café de graines de cumin**, torréfiées puis pilées + pour dresser
- **1 concombre standard ou 3 à 4 concombres libanais**, taillés en macédoine (300 g)
- **½ oignon**, ciselé (75 g)
- **200 g de tomates cerise**, en quatre
- **Sel**

CAVIAR DE PIMENT
- **2 petits citrons confits (50 g)**, épépinés, chair et peau hachées
- **2 piments verts**, épépinés et taillés en brunoise
- **2 gousses d'ail**, pelées et écrasées au presse-ail
- **2,5 c. à s. d'huile d'olive**

1. Pour le caviar de piment, mixez tous les ingrédients au robot avec ¼ de cuillère à café de sel. Dès que votre caviar vous semble suffisamment homogène, cessez de mixer et réservez.

2. Dans un-cul-de poule, fouettez le yaourt avec la menthe, le jus de citron, 1,5 cuillère à café de graines de cumin pilées et ⅓ de cuillère à café de sel. Ajoutez les dés de concombre, l'oignon et les tomates et mélangez. Dressez dans une assiette creuse et répartissez le caviar de piment sur le dessus. Mélangez, saupoudrez du reste de graines de cumin et servez.

Photo ci-contre avec Purée de haricots blancs au muhammara (p. 107)

Tagliatelles de courgettes au thym et aux noix

L'huile aromatisée peut se préparer à l'avance et se garder 3 jours à température ambiante. Les courgettes peuvent elles aussi se préparer en amont (4 à 6 heures) mais, comme elles ont tendance à rendre de l'eau au contact du sel, assaisonnez-les (sel et jus de citron) au dernier moment.

Pour 4 personnes

10 g de branches de thym

1 citron : 6 longs morceaux d'écorce et 2 cuil. à soupe de jus

1 gousse d'ail en chemise, écrasée

3 cuil. à soupe d'huile d'olive

4 courgettes (si possible un mélange de vertes et de jaunes), en tagliatelles (600 g)

60 g de cerneaux de noix, grossièrement hachés

15 g de basilic, haché

Sel et poivre noir

1. Dans une petite casserole, faites infuser le thym, les écorces de citron et la gousse d'ail dans l'huile sur feu doux pendant 8 minutes. Retirez du feu dès que l'ail, le citron et le thym commencent à colorer. Une fois l'huile tiédie, passez-la au tamis et jetez l'ail et les écorces de citron. Prélevez les feuilles de thym et remettez-les dans l'huile.

2. Versez les tagliatelles de courgettes dans l'huile aromatisée avec les noix, le jus de citron, 1/3 de cuillère à café de sel, quelques tours de moulin à poivre, et massez-les pendant 1 minute. Ajoutez le basilic et servez.

Salade de tomates aux anchois et aux câpres

Essayez de trouver des tomates de variétés différentes pour donner de la couleur à votre salade et la rendre plus appétissante. Je raffole de ce plat et, en été, je pourrais le manger à tous les repas, que ce soit tel quel ou en accompagnement d'un bon steak de thon.

Les croûtons peuvent se préparer 4 heures à l'avance au maximum et les tomates peuvent rester 6 heures au réfrigérateur, mais le basilic ne doit être ajouté qu'au dernier moment. Quoi qu'il en soit, gardez tous les éléments au frais dans des contenants séparés, sortez-les suffisamment à l'avance pour qu'ils reviennent à température ambiante, et mélangez le tout au dernier moment.

1. Versez l'ail, l'huile et les anchois dans une casserole de taille moyenne avec ½ cuillère à café de fleur de sel et laissez cuire 10 minutes à feu doux en remuant de temps en temps. En fin de cuisson, l'ail et les anchois doivent pouvoir s'écraser facilement avec le dos d'une cuillère. Faites attention à ne pas faire chauffer l'huile outre mesure, sinon l'ail risque de brûler : si des bulles commencent à apparaître, retirez simplement la casserole du feu pour faire redescendre la température. Au bout de 10 minutes, ajoutez les croûtons hors du feu et mélangez doucement pour que l'huile les enrobe de toutes parts. Débarrassez dans un saladier, en laissant l'huile, l'ail et les anchois dans une casserole que vous garderez à proximité.

2. Dans un cul-de-poule, mélangez les tomates avec les zestes et le jus de citron, les câpres, le persil et le basilic.

3. Au moment de servir, versez les tomates sur les croûtons et mélangez délicatement le tout avant de dresser dans un plat de service. Arrosez avec le restant d'huile aux anchois et à l'ail, saupoudrez de piment en flocons et servez.

Pour 4 à 6 personnes

4 gousses d'ail, pelées et hachées

110 ml d'huile d'olive

6 filets d'anchois à l'huile, égouttés et hachés finement (env. 20 g)

100 g de pain au levain, coupé en tranches de 2 cm d'épaisseur, légèrement grillées, puis détaillées en croûtons de 4 cm

500 g de tomates, coupées en morceaux de 4 cm

1 citron : 1 cuil. à café de zeste et 2 cuil. à café de jus

1 cuil. à soupe de câpres, grossièrement hachées

5 g de feuilles de persil, ciselées

5 g de feuilles de basilic, ciselées, plus quelques unes pour le dressage

1 cuil. à café de piment d'Urfa en flocons (ou ½ cuil. à café si autre variété)

Fleur de sel

Légumes crus

Méli-mélo de tomates, échalion au sumac et pignons de pin

Pour 4 personnes

1 gros échalion, pelé et émincé en rondelles de 1 mm d'épaisseur (70 g)

1,5 cuil. à soupe de sumac

2 cuil. à café de vinaigre de vin blanc

700 g de tomates, si possible de variétés différentes (Noire de Crimée, Roma, Green Zebra, tomates cerise rouges et jaunes)

2 cuil. à soupe d'huile d'olive

15 g de basilic

25 g de pignons de pin, torréfiés

Sel et poivre noir

Ici, tout repose sur la qualité des tomates : choisissez-les donc bien sucrées et mûres à point. Cette recette est un incontournable de l'été : déjà délicieuse en soi, elle accompagne toutes sortes de plats et ceux qui aiment saucer s'en délecteront encore davantage avec du pain frais. Pour varier les plaisirs, pensez à ajouter des cubes d'avocat : un régal !

L'échalion mariné peut se préparer la veille et rester au réfrigérateur en attendant le moment de passer à table. Si vous voulez gagner du temps, vous pouvez aussi découper les tomates jusqu'à 6 heures à l'avance et les conserver au frais. En revanche, l'huile, le basilic et l'assaisonnement ne seront à ajouter qu'au dernier moment.

1. Versez les rondelles d'échalion dans un bol avec le sumac, le vinaigre et 1 pincée de sel. Massez le tout à la main pour faire pénétrer le sumac dans l'échalion, puis laissez mariner 30 minutes.

2. Coupez les grosses tomates en deux dans le sens de la longueur, puis détaillez-les en quartiers de 1 à 1,5 cm de large et débarrassez dans un saladier. Pour les tomates cerise, coupez-les simplement en deux (toujours dans le sens de la longueur) avant de les ajouter aux autres tomates. Arrosez d'huile d'olive, ajoutez les feuilles de basilic, ⅓ de cuillère à café de sel, quelques tours de moulin à poivre et mélangez délicatement.

3. Dressez les tomates sur un grand plat de service et parsemez de rondelles d'échalion au sumac. Pour un visuel plus attrayant, repositionnez quelques tomates et feuilles de basilic par-dessus l'échalion, puis terminez le dressage avec quelques pignons de pin et servez.

Légumes crus

Salade fraîcheur au tahin et au zaatar

Pour 4 personnes en entrée ou en accompagnement

6 tomates Roma mûres à point (ou autre variété sucrée), taillées en mirepoix (650 g)

2 concombres libanais (ou 1 standard), taillés en mirepoix (300 g)

1 poivron rouge, épépiné et taillé en mirepoix (150 g)

5 cébettes, taillées en sifflet (50 g)

15 g de coriandre, hachée

2 cuil. à soupe de jus de citron

3 cuil. à soupe d'huile d'olive

200 g de feta, détaillée en 4 rectangles (facultatif)

4 cuil. à soupe de tahin

2 cuil. à café de zaatar

Sel

Pour certains – dont je fais partie –, l'ajout de tahin dans la traditionnelle salade tomates/concombres est une vraie révélation. Un bon tahin doit avoir un petit goût de noisettes, être bien onctueux et relativement liquide (il doit pouvoir se verser sur vos préparations). Préférez ainsi les tahin d'origine israélienne, palestinienne ou libanaise, qui sont généralement plus savoureux que ceux d'origine grecque ou chypriote. Parfaite en entrée avec des gros morceaux de feta, cette salade peut aussi faire office de garniture pour une pièce d'agneau grillé ou accompagner du riz aux lentilles (avec ou sans feta).

1. Versez les tomates dans une passoire au-dessus d'un cul-de-poule et laissez s'égoutter 20 minutes. Débarrassez dans un saladier (jetez ou buvez le jus), puis ajoutez les concombres, le poivron rouge, les cébettes, la coriandre, le jus de citron, l'huile, ½ cuillère à café de sel et mélangez.

2. Au moment de servir, dressez la salade dans un plat de service, ajoutez la feta et mélangez délicatement. Arrosez d'un filet de tahin, saupoudrez de zaatar et terminez avec une pincée de sel.

Salade verte, sauce fourre-tout

Pour 4 personnes en accompagnement

½ **avocat bien mûr**, (90 g) en gros morceaux

20 g **de gingembre** (env. 3 cm), pelé et haché

1 **petite gousse d'ail**, pelée et écrasée au presse-ail

2 **citrons** : 1 cuil. à café de zeste et 3 cuil. à soupe de jus

1 **piment vert** (épépiné si vous n'aimez pas vos plats trop épicés), grossièrement haché

1 **cuil. à soupe de tahin**

85 ml **d'huile d'olive**

10 g **de basilic**

10 g **d'estragon**

10 g **d'aneth**

10 g **de persil**

10 g **de coriandre**

4 **sucrines**, parées et coupées en 8 dans le sens de la longueur (400 g)

2 **cuil. à café de graines de sésame noir** (ou blanc), torréfiées

Sel

Cette recette est née un jour où Tara a découvert que certaines herbes aromatiques commençaient à se flétrir dans son réfrigérateur. Le résultat fut si probant qu'elle a finalement racheté toutes ces herbes pour pouvoir la refaire !

Si vous êtes dans le même cas, ne soyez pas trop regardant sur les quantités indiquées pour chaque herbe : si le poids total (50 g) est à peu près respecté, c'est l'essentiel !

N'hésitez pas à doubler les quantités de sauce, car vous pourrez la garder 3 jours au réfrigérateur et la marier avec une ribambelle de plats, comme une salade niçoise au thon ou au poulet, une salade de tomates à la feta ou encore des légumes-racines rôtis.

Pour prendre de l'avance, préparez-la sauce jusqu'à 3 jours en amont et conservez-la au réfrigérateur en attendant.

1. Dans un robot, mixez l'avocat avec le gingembre, l'ail, le zeste et le jus de citron, le piment, le tahin, 75 ml d'huile et ⅓ de cuillère à café de sel. Dès que le mélange vous paraît lisse, ajoutez les herbes et mixez de nouveau. Sans arrêter le robot, versez 60 ml d'eau en filet jusqu'à obtenir une sauce bien homogène.

2. Assaisonnez les sucrines avec les 2 cuillères à café d'huile restantes, 1 pincée de sel et mélangez. Dressez sur un plat de service, arrosez de sauce et parsemez de graines de sésame.

Légumes crus

Salade de mâche et de concombre

Pour 4 personnes

5 mini-concombres
 ou 1,5 concombre standard (500 g)

30 g de mâche

10 g de menthe

10 g de coriandre

1 cuil. à café de graines de nigelle

SAUCE SALADE

1 cuil. à soupe de jus de citron

1 petite gousse d'ail, pelée et écrasée au presse-ail

10 g de gingembre (env. 2 cm), râpé finement

20 g de yaourt nature

Fleur de sel

Une fois qu'on maîtrise une sauce salade, on a tendance à la refaire systématiquement. Or, changer ses habitudes – comme je le fais ici en ajoutant du gingembre et du yaourt – a du bon ! Si vous décidez de préparer vos concombres à l'avance, ne les assaisonnez pas tout de suite, sinon le sel de la sauce risque de les faire dégorger. Toujours pour éviter de détremper votre salade, ôtez le cœur des concombres – la partie avec les pépins – avant de les trancher (inutile si vous optez pour des libanais). Cette salade s'accorde avec de nombreux mets, comme un gigot d'agneau, un pavé de saumon grillé ou les croquettes aux petits pois, à la feta et au zaatar de la p. 20, pour n'en citer que quelques-uns.

La sauce peut se préparer 2 jours à l'avance et se conserver au réfrigérateur en attendant. Le concombre peut lui aussi être tranché et gardé au réfrigérateur en amont, mais pas plus de 6 heures à l'avance.

1. Pour la sauce, fouettez tous les ingrédients avec 1/3 de cuillère à café de fleur de sel et réservez.

2. Coupez les concombres en quatre dans le sens de la longueur, puis taillez-les en sifflet tous les 0,5 cm. Débarrassez dans un saladier et ajoutez la mâche, la menthe et la coriandre. Versez la sauce dans le saladier et mélangez délicatement le tout avant de dresser dans un plat de service (creux). Parsemez de graines de nigelle et servez.

Photo ci-contre avec Cresson et radicchio aux pêches, framboises et cinq épices (p. 41)

Légumes crus

Salade de pastèque, granny smith et citron vert

À la fois saine, estivale et riche en saveurs, cette salade est déjà délicieuse, mais elle le sera plus encore avec des brisures de cacahuètes, pistaches ou noix de cajou.

Pour 6 personnes en accompagnement

- ½ **pastèque de taille moyenne (1,3 kg)**, débarrassée de sa peau et de ses pépins, puis détaillée en bâtonnets de 7 cm de long sur 0,5 cm de large (600 g)
- 2 **pommes Granny Smith**, évidées et détaillées en bâtonnets de 7 cm de long sur 0,5 cm de large (250 g)
- 3 **citrons verts** : 2 cuil. à café de zeste et 3 cuil. à soupe de jus
- 1 **cuil. à soupe d'huile d'olive**
- 2 **tiges de citronnelle**, parées, débarrassées de leurs premières feuilles, puis émincées (10 g)
- 5 g de menthe
- 10 g de coriandre
- ½ **cuil. à soupe de graines de moutarde brunes**, torréfiées
- **Fleur de sel**

1. Préparez la salade au dernier moment pour conserver tout son croquant : dans un saladier, mélangez la pastèque, les pommes, le zeste et le jus de citron vert, l'huile d'olive, la citronnelle, les trois quarts des herbes et ¾ de cuillère à café de fleur de sel. En vous servant de vos mains comme d'une passoire, disposez la salade sur un plat de service en laissant le jus qu'elle aura rendu au fond du saladier. Parsemez du quart d'herbes restant, de graines de moutarde, de ¼ de cuillère à café de fleur de sel et servez.

Photo ci-contre, en haut

Légumes crus

Cresson et radicchio aux pêches, framboises et cinq épices

Pour préserver l'équilibre de cette recette sucrée salée, choisissez des pêches qui n'ont pas encore atteint leur pic de maturité. Accompagnement idéal des viandes grillées, cette salade estivale apportera du contraste à tous vos barbecues et s'accordera aussi bien avec l'agneau que le bœuf ou le porc. Essayez avec de la poitrine de porc confite : irrésistible !

Pour 4 personnes en accompagnement

1,5 cuil. à soupe de vinaigre de cidre	**3 pêches fermes,** coupées en deux, dénoyautées, puis coupées en quartiers de 0,5 cm de large (290 g)
1 cuil. à café de sirop d'érable	
¼ de cuil. à café de mélange cinq épices	**40 g de cresson**
1 cuil. à soupe d'huile d'olive	**½ petit radicchio,** émincé en lanières de 2 cm d'épaisseur (50 g)
1 échalote, émincée (20 g)	**Sel**
100 g de framboises	

1. Dans un saladier, mélangez les cinq premiers ingrédients avec ⅓ de cuillère à café de sel. Ajoutez les framboises, en les écrasant légèrement avec le dos d'une fourchette, puis ajoutez tous les ingrédients restants. Mélangez et servez.

Photo ci-contre, en bas

Burrata au basilic, brochettes de raisin grillé

La burrata – qui signifie « beurré » en italien – est l'un des petits plaisirs de la vie : sous sa coque de mozzarella, elle renferme un cœur coulant à base de stracciatella et de crème. Autant dire qu'avec de tels ingrédients, elle ne peut être qu'exquise… De plus, la burrata a aussi la particularité de se marier avec une palette très large de saveurs : de l'acidité des agrumes à la douceur du vinaigre balsamique en passant par les notes poivrées de la roquette ou grillées des épices, elle va avec tout ! Ici, j'ai choisi du raisin rouge délicatement sucré (Red Globe) que j'ai monté en brochettes et fait griller à la poêle : une idée simple, mais qui fait toujours mouche !

Si vous voulez prendre de l'avance, vous pouvez mettre le raisin à mariner la veille et le laisser au réfrigérateur en attendant le moment venu. Enfin, si vous peinez à trouver de la burrata, remplacez-la par de la mozzarella di Bufala Campana, moins crémeuse mais tout aussi bonne.

1. Dans un cul-de-poule, mélangez le raisin avec le vinaigre de Xérès, l'huile d'olive, l'ail, la vergeoise, 1 cuillère à café de graines de fenouil, ¼ de cuillère à café de fleur de sel et une bonne dose de poivre. Réalisez des brochettes de 5 ou 6 grains de raisin chacune. (Ne jetez pas la marinade.)

2. Faites chauffer une poêle gril sur feu vif et aérez votre cuisine en conséquence. Quand la poêle est bien chaude, saisissez les brochettes de raisin pendant 2 à 3 minutes en les retournant à mi-cuisson. Retirez du feu et réservez.

3. Au moment de servir, déchirez les boules de burrata en deux et déposez une demi-boule dans chaque assiette. Disposez ensuite deux brochettes de raisin en appui sur les burrata et arrosez celles-ci de 1,5 cuillère à café de marinade. Si vous recevez du monde, vous pouvez aussi dresser le tout sur un grand plateau pour que chacun se serve. Parsemez de graines de fenouil, ajoutez quelques brins de basilic et servez.

Pour 6 entrées copieuses

Env. 320 g de raisin rouge sans pépin, grains détachés de la grappe

2 cuil. à soupe de vinaigre Valdespino (ou autre vinaigre de Xérès d'excellente qualité)

3 cuil. à soupe d'huile d'olive

1 gousse d'ail, pelée et écrasée au presse-ail

1,5 cuil. à café de vergeoise brune

1,5 cuil. à café de graines de fenouil, torréfiées et légèrement concassées

3 belles boules de burrata ou de mozzarella di Bufala Campana (600 g)

6 petits brins de basilic vert ou rouge (5 g), pour le dressage

Fleur de sel et poivre noir

Légumes crus

Taboulé de chou-fleur

Pour 6 personnes

1 gros chou-fleur (800 g)

75 ml de jus de citron (soit env. 3 citrons)

7 cébettes, ciselées (70 g)

50 g de persil, haché

25 g d'aneth, haché

20 g de menthe, hachée

1 cuil. à café de quatre-épices en poudre

3 cuil. à soupe d'huile d'olive

100 g d'arilles de grenade (soit env. ½ grenade)

Sel et poivre noir

Si vous doublez ou triplez les quantités pour cette recette, détaillez le chou-fleur en sommités et utilisez un robot plutôt qu'une râpe manuelle. Appuyez à plusieurs reprises sur le bouton « pulse », mais cessez de mixer dès que vous obtenez la consistance d'une semoule. Si vous avez envie de plus de croquant, remplacez les arilles de grenade par des brisures de pistaches grillées (ou combinez les deux).

1. Tenez le chou-fleur par le pied et râpez grossièrement les sommités et tiges sur une râpe à fromage (ou avec la râpe d'un robot si vous êtes pressé) de manière à obtenir 700 g de semoule végétale. Pour éviter le gaspillage, pensez à garder le pied pour en intégrer de fines tranches dans vos salades.

2. Débarrassez la semoule dans un saladier, arrosez de jus de citron et ajoutez 1 cuillère à café de sel, plus 1 grosse pincée. Laissez mariner 20 minutes, puis ajoutez les cébettes, les herbes, le quatre-épices, l'huile d'olive et une bonne dose de poivre noir. Mélangez délicatement, puis transvasez dans un plat de service. Parsemez d'arilles de grenade et servez aussitôt.

Salade toute verte aux cébettes et aux herbes

Avec ses saveurs végétales et légèrement astringentes, cette salade se mariera divinement avec un bon poulet rôti (p. 227), mais pourra aussi apporter de la fraîcheur et une touche acidulée à une pièce d'agneau confit (p. 215) ou à des boulettes de bœuf (p. 220). Laissez-vous tenter, elle sublime toutes les viandes !

Si vous trouvez des mini-concombres, saisissez l'occasion : ils sont moins aqueux que les gros et donc plus adaptés à cette recette. Si vous ne trouvez que des gros, coupez-les simplement en deux dans le sens de la longueur et ôtez le cœur avant de poursuivre la recette.

La vinaigrette peut se préparer la veille, et la salade 4 à 6 heures avant de passer à table, à condition de n'ajouter les herbes, le sel et la vinaigrette qu'au dernier moment.

1. Pour la vinaigrette, réduisez le gingembre en purée dans un mortier. Mélangez avec le jus de citron, l'huile d'olive, ¼ de cuillère à café de sel et réservez.

2. Versez tous les ingrédients prévus pour la salade dans un saladier. Arrosez de vinaigrette, mélangez et servez.

Pour 6 personnes en accompagnement

8 à 10 cébettes, coupées en quatre dans le sens de la longueur, puis émincées (150 g)

2 mini-concombres (ou 1 concombre standard), avec la peau, taillés en macédoine (150 g)

1 poivron vert, coupé en deux dans le sens de la longueur, épépiné, puis taillé en macédoine (150 g)

15 g de feuilles de menthe, ciselées

15 g de coriandre, hachée

½ cuil. à café de graines de nigelle

Sel

VINAIGRETTE

25 g de gingembre (env. 2 cm), pelé et haché finement

2 cuil. à soupe de jus de citron

2,5 cuil. à soupe d'huile d'olive

Légumes cuits

Soupe de lentilles corail au curry, tomates et lait de coco

Pour 4 personnes

2 cuil. à soupe d'huile de coco (ou de tournesol)

1 oignon, ciselé (160 g)

1 cuil. à soupe de curry en poudre

¼ de cuil. à café de piment en flocons

2 gousses d'ail, hachées

30 g de gingembre (env. 4 cm), pelé et haché finement

150 g de lentilles corail, rincées et égouttées

1 boîte de 400 ml de pulpe de tomate en dés

25 g de tiges de coriandre, hachées, plus 5 g de feuilles pour le dressage

1 boîte de 400 ml de lait de coco

Sel et poivre noir

Ce que j'aime dans cette soupe, c'est le jeu de textures entre le potage onctueux, les lentilles encore fermes et les tiges de coriandre hachées. Mais elle peut tout aussi bien être mixée, à la façon d'un velouté. Gardez-la 4 jours au maximum au réfrigérateur ou 1 mois au congélateur.

Soulignons également qu'on a souvent tendance à jeter les tiges de coriandre, mais c'est un tort ! Le goût y est plus concentré que dans les feuilles, et leur texture, proche de celle de la ciboulette, est loin d'être inintéressante. Enfin, pour une touche de peps supplémentaire, n'hésitez pas à servir votre soupe avec des quartiers de citron vert.

1. Dans une casserole de taille moyenne, mettez l'huile de coco à chauffer sur feu moyen-vif. Quand elle est bien chaude, faites revenir l'oignon 8 minutes en remuant régulièrement, jusqu'à ce qu'il soit tendre et coloré. Ajoutez le curry, le piment, l'ail, le gingembre et poursuivez la cuisson 2 minutes, sans cesser de remuer. Versez les lentilles dans la casserole, mélangez bien, puis ajoutez la pulpe de tomate, les tiges de coriandre, 600 ml d'eau et 1 cuillère à café de sel et du poivre (à volonté).

2. Dans un cul-de-poule, lissez le lait de coco au fouet : réservez-en 4 cuillères à soupe pour le dressage et versez le reste dans la casserole de l'étape 1. Portez à ébullition, puis passez à feu moyen et laissez mijoter 25 minutes. En fin de cuisson, vos lentilles doivent être cuites, mais sans avoir perdu leur tenue. Si, à ce stade, votre soupe vous paraît trop épaisse, allongez-la avec 100 à 150 ml d'eau.

3. Dressez dans 4 bols, arrosez d'un filet de lait de coco (1 cuillère à soupe par bol), parsemez de feuilles de coriandre et servez.

Velouté de courgettes, petits pois et basilic

Bien qu'elle soit déjà riche en saveurs, cette soupe peut aussi intégrer du bouillon de volaille et des cubes de jambon ou de pancetta grillés pour encore plus de gourmandise.

Côté esthétique, le beau vert vif qui fait tout le charme de ce potage s'obtient en retirant la casserole du feu juste après avoir ajouté les petits pois et le basilic, et en mixant aussitôt le tout. Enfin, sachez que ce velouté peut se préparer jusqu'à 3 jours à l'avance à condition de le conserver au réfrigérateur, ou jusqu'à 1 mois si vous prévoyez de le congeler.

1. Mettez l'huile d'olive à chauffer dans une très grande casserole sur feu moyen-vif, puis faites dorer les gousses d'ail entières 2 à 3 minutes en remuant régulièrement. Ajoutez les courgettes, 2 cuillères à café de sel, du poivre à volonté et laissez cuire 3 minutes sans cesser de remuer. Quand les courgettes commencent à colorer, mouillez avec le bouillon et 500 ml d'eau, puis portez le tout à ébullition sur feu vif. Poursuivez la cuisson encore 7 minutes jusqu'à ce que vos courgettes soient tendres, mais encore bien vertes.

2. Ajoutez les petits pois, laissez-leur 1 minute pour se réchauffer (toujours en remuant), puis incorporez le basilic. Retirez du feu et mixez aussitôt au mixeur plongeant ou au blender pour fixer la couleur et lisser le potage.

3. Au moment de servir, versez le velouté dans 8 bols individuels et parsemez de cubes de feta et de zestes de citron. Terminez avec quelques tours de moulin à poivre noir et un filet d'huile d'olive.

Pour 8 personnes

75 ml d'huile d'olive, plus un filet pour le dressage

Les gousses d'une tête d'ail, séparées mais encore en chemise

Env. 6 courgettes, coupées en tronçons de 3 cm (1,3 kg)

1 litre de bouillon de légumes

500 g de petits pois surgelés

50 g de basilic

200 g de feta, émiettée en cubes de 1 à 2 cm

1 citron : 1 cuil. à café de zeste

Sel et poivre noir

Photo à la page précédente

Légumes cuits

Soupe de citrouille au safran et à l'orange

Quand arrive la saison des courges et que les étals se parent de cucurbitacées toutes plus belles les unes que les autres, c'est le moment de jouer avec les produits et de tester différentes variétés. Bien que les courges d'hiver (potiron, potimarron et butternut), avec leur chair ferme et leur profondeur de goût qui rappelle la patate douce, soient plus indiquées pour cette recette, rien ne vous empêche d'utiliser des courges plus estivales comme les courgettes, les pâtissons ou, comme je vous le propose ici, les citrouilles. Leur chair est certes un peu plus filandreuse et aqueuse, mais elles n'en sont pas moins succulentes.

Pour ceux qui aiment anticiper, toute la recette peut se préparer en amont : la soupe pourra ainsi se conserver 3 jours au réfrigérateur ou 1 mois au congélateur, et les graines de courge pourront rester 1 bonne semaine dans une boîte hermétique, à condition qu'elle soit bien sèche. N'hésitez d'ailleurs pas à faire griller plus de graines que nécessaire pour en parsemer vos soupes, vos salades ou vos légumes rôtis de la semaine.

Pour 4 à 6 personnes

1,2 kg de citrouille ou de courge butternut, pelée, évidée et coupée en cubes de 3 cm (1 kg)

2 oignons, coupés en quartiers de 2 à 3 cm de large (350 g)

60 ml d'huile d'olive

1 litre de bouillon de légumes

30 g de harissa à la rose (ajustez la quantité selon la variété choisie ; voir p. 301)

¼ de cuil. à café de stigmates de safran

Photo à droite et p. 50

Légumes cuits

1 orange : 1 cuil. à café de zeste
180 g de crème fraîche
5 g de feuilles de coriandre, pour le dressage
Sel et poivre noir

GRAINES DE COURGE TORRÉFIÉES
80 g de graines de courge
2 cuil. à café de sirop d'érable
¼ de cuil. à café de piment en flocons

1. Préchauffez le four à 170 °C (chaleur tournante).

2. Dans un bol, mélangez les graines de courge avec le sirop d'érable, le piment et ¼ de cuillère à café de sel. Étalez sur une petite plaque chemisée avec du papier sulfurisé et enfournez pour 15 minutes, jusqu'à ce que les graines éclatent et commencent à dorer. Laissez refroidir et détaillez en petits morceaux.

3. Augmentez la température du four à 220 °C (chaleur tournante).

4. Dans un saladier, mélangez les cubes de citrouille et les quartiers d'oignons avec l'huile d'olive, ¾ de cuillère à café de sel et quelques tours de moulin à poivre. Débarrassez sur une grande plaque chemisée avec du papier sulfurisé et enfournez pour 25 minutes, jusqu'à ce que les légumes soient tendres et joliment dorés. Réservez.

5. Dans une grande cocotte, portez le bouillon à ébullition sur feu vif avec la harissa, le safran, les zestes d'orange, ½ cuillère à café de sel et quelques tours de moulin à poivre. En prenant garde à ne pas vous éclabousser, versez les morceaux de citrouille et d'oignons rôtis dans le bouillon, ainsi que leur huile de cuisson s'il y a. Donnez un coup de cuillère, puis passez à feu moyen et laissez mijoter 5 minutes. Hors du feu, incorporez la crème fraîche, puis lissez le tout au mixeur plongeant (ou au blender).

6. Servez dans des assiettes individuelles avec quelques graines de courge torréfiées et des feuilles de coriandre sur le dessus.

Légumes cuits

Courgettes à l'étuvée, ail et origan

Pour 4 personnes

800 g de jeunes courgettes, si possible de variétés différentes, parées

250 ml de bouillon de légumes ou de volaille

4 gousses d'ail, pelées et émincées en fines lamelles

20 brins d'origan (20 g)

2 cuil. à soupe d'huile d'olive

Fleur de sel

Pour cette recette, choisissez des courgettes aussi jeunes, fines et petites que possible, leur chair tendre étant absolument exquise avec ce mode de cuisson. Je trouve que les fines lamelles d'ail cru apportent un petit plus à ce plat mais, si vous n'êtes pas de cet avis, vous pouvez vous contenter des feuilles d'origan frites.

Ces courgettes peuvent faire une petite entrée, simple et délicate, ou se servir sous forme de mezze, avec du pain.

1. Préchauffez le four à 200 °C (chaleur tournante).

2. Si vous avez réussi à dénicher des courgettes vraiment fines, gardez-les entières ; sinon, coupez-les en quatre dans le sens de la longueur et rangez-les bien serrées dans un plat à gratin en céramique d'environ 27 x 22 cm, face coupée vers le haut.

3. Dans une petite casserole, portez le bouillon à ébullition avec la moitié de l'ail et 10 brins d'origan. Salez les courgettes avec ¾ de cuillère à café de fleur de sel, puis arrosez de bouillon brûlant. Couvrez le plat hermétiquement avec une feuille de papier d'aluminium et enfournez pour 45 minutes, jusqu'à ce que les courgettes soient fondantes. Sortez du four et laissez tiédir quelques minutes.

4. Cueillez les feuilles des 10 brins d'origan restants et jetez les tiges. Mettez l'huile d'olive à chauffer dans une petite poêle sur feu moyen-vif et faites frire les feuilles environ 1 minute 30, jusqu'à ce qu'elles croustillent. Débarrassez dans un bol.

5. Au moment de servir, sortez les courgettes du bouillon avec une écumoire et dressez dans un plat de service ou directement dans les assiettes. Arrosez d'huile aromatisée (avec les feuilles d'origan) et assaisonnez avec ½ cuillère à café de fleur de sel. Parsemez de lamelles d'ail cru et servez.

Photo sur la double-page suivante

Écrasé de courgettes à l'ail et aux herbes

Cet écrasé de courgettes peut se déguster tel quel (ou avec une cuillère de yaourt) en guise de mezze, ou en garniture avec de l'agneau ou du poulet. Si, par chance, vous tombez sur des courgettes blanches d'Égypte (en vente dans les épiceries orientales), n'hésitez pas à les utiliser dans cette recette : leur peau très fine cède facilement sous les coups de fourchette et sous la dent.

Ce plat peut se préparer 24 h à l'avance jusqu'à la fin de l'étape 3, puis se conserver au réfrigérateur. Au moment de servir, ajoutez simplement les herbes et le jus de citron : c'est prêt !

1. Préchauffez le four à 200 °C (chaleur tournante).

2. Dans un cul-de-poule, mélangez les tronçons de courgettes avec la menthe séchée, le thym, l'huile d'olive, ¾ de cuillère à café de sel et du poivre noir. Rangez les tronçons face coupée vers le haut et bien serrés dans un plat à gratin de taille moyenne, de manière à n'avoir qu'une seule couche de courgettes. Enfournez pour 15 minutes, puis ajoutez les gousses d'ail et prolongez la cuisson encore 15 minutes, jusqu'à ce que les courgettes soient fondantes et légèrement dorées. Videz le contenu du plat dans une passoire placée au-dessus d'un cul-de-poule ou de l'évier et pressez les courgettes pour en extraire un maximum de liquide. Laissez tiédir et s'égoutter pendant au moins 30 minutes, puis jetez le liquide.

3. Videz le contenu de la passoire dans un saladier et ôtez la chemise des gousses d'ail. Écrasez le tout avec le dos d'une fourchette – ou en vous aidant d'un couteau si la peau des courgettes vous donne du fil à retordre.

4. Incorporez les feuilles de menthe, l'aneth, le jus de citron et servez.

Pour 4 personnes

3 courgettes, coupées en deux dans le sens de la longueur, puis détaillées en tronçons de 6 cm (850 g)

1 cuil. à café de menthe séchée

5 g de thym

70 ml d'huile d'olive

Les gousses d'une tête d'ail, séparées mais encore en chemise

2 cuil. à soupe de feuilles de menthe, hachées

1,5 cuil. à soupe d'aneth, haché

1 cuil. à soupe de jus de citron

Sel et poivre noir

Photo sur la double-page suivante

Légumes cuits

Courgettes farcies, sauce vierge aux pignons

Quand arrivera l'heure de mon dernier repas, nul doute que les légumes farcis seront au menu : j'en raffole ! Réaliser une farce demande généralement beaucoup de travail et un peu d'amour mais, ici, j'ai choisi d'inverser la tendance : beaucoup d'amour et très peu de travail ! Si possible, choisissez des courgettes bien charnues pour pouvoir les évider sans risquer de les abîmer et pour avoir suffisamment de chair pour la farce. Panacher les variétés en utilisant des courgettes vertes et des courgettes jaunes peut aussi offrir un joli rendu. Si vous voulez gagner du temps, vous pouvez préparer la farce la veille pour n'avoir qu'à farcir et à enfourner les courgettes le jour J.

Pour 2 personnes en plat principal, ou 4 en accompagnement

- **2 belles courgettes**, coupées en deux dans le sens de la longueur (500 g)
- **½ gousse d'ail**, pelée et écrasée au presse-ail
- **1 œuf de gros calibre**, battu
- **40 g de parmesan** (ou pecorino), râpé finement
- **40 g de pain au levain**, haché (env. 1 tranche)
- **100 g de tomates cerise**, coupées en quatre
- **1 gros citron** : 2 cuil. à café de zeste et 1 cuil. à soupe de jus
- **4 cuil. à soupe de feuilles d'origan**, ciselées, plus quelques feuilles entières pour le dressage (5 g)
- **35 g de pignons de pin**, torréfiés
- **3 cuil. à soupe d'huile d'olive**
- **Sel**

Légumes cuits

1. Préchauffez le four à 230 °C (chaleur tournante).

2. Creusez les demi-courgettes à l'aide d'une cuillère à café en prenant soin de garder environ 1 cm de chair sur les côtés. Versez la pulpe prélevée dans une passoire et pressez pour extraire un maximum de liquide. Une fois l'opération terminée, vous devriez obtenir env. 100 g de chair égouttée. Jetez le liquide et débarrassez la chair dans un cul-de-poule. Incorporez l'ail, l'œuf, le parmesan, le pain haché et ¼ de cuillère à café de sel. Ajoutez les tomates cerise en les écrasant dans vos mains au passage, puis mélangez et réservez.

3. Dans un bol, mélangez les zestes de citron, l'origan et les pignons de pin. Incorporez la moitié de ce mélange dans la farce et réservez le reste pour la sauce vierge.

4. Rangez les demi-courgettes dans un plat à four de taille moyenne, côté creux vers le haut. Arrosez de 1 cuillère à soupe d'huile d'olive et assaisonnez avec 1 pincée de sel. Farcissez les courgettes et enfournez pour 15 minutes, jusqu'à ce que la farce soit ferme et dorée.

5. Pendant que les courgettes sont au four, préparez la sauce en incorporant le jus de citron, les 2 cuillères à soupe d'huile d'olive restantes et 1 pincée de sel dans le bol de pignons et d'origan. À la sortie du four, laissez les courgettes tiédir quelques minutes, puis arrosez de sauce vierge, parsemez de feuilles d'origan et servez.

Courgettes et petits pois aux herbes, semoule au lait

Cette semoule au lait peut être utilisée comme une base gourmande dans une multitude de recettes. Essayez avec un ragoût de bœuf, par exemple : tout simplement irrésistible !

1. Dans une grande sauteuse pour laquelle vous avez un couvercle, faites fondre le beurre à feu moyen-vif, puis colorez l'ail 1 à 2 minutes. Ajoutez les courgettes, ¾ de cuillère à café de sel, quelques tours de moulin à poivre, et laissez cuire 5 minutes en remuant régulièrement, jusqu'à ce que les courgettes soient tendres. Passez à feu moyen-doux et poursuivez la cuisson 5 minutes à couvert. Ajoutez les petits pois et laissez-les se réchauffer 1 minute. Hors du feu, incorporez les herbes, les zestes de citron et réservez le temps de préparer la semoule.

2. Dans une casserole de taille moyenne, mettez le lait à chauffer sur feu moyen-vif avec 600 ml d'eau, ¾ de cuillère à café de sel et une bonne dose de poivre. À l'ébullition, ajoutez la semoule et fouettez sans discontinuer pendant 3 à 4 minutes, jusqu'à obtenir la consistance et l'onctuosité d'un porridge. Retirez du feu et incorporez 80 g de pecorino.

3. Répartissez la semoule au lait dans 4 (ou 6) coupelles et dressez les courgettes et les petits pois sur le dessus. Parsemez de pignons de pin, de copeaux de pecorino, arrosez d'un filet d'huile d'olive et servez.

Pour 4 à 6 personnes

50 g de beurre doux

5 gousses d'ail, pelées et émincées en fines lamelles

6 courgettes, parées, coupées en deux dans le sens de la longueur, puis émincées (1,2 kg)

200 g de petits pois surgelés, décongelés

25 g de feuilles de basilic, déchirées

15 g d'estragon

1 citron : 1 cuil. à café de zeste

50 g de pignons de pin, torréfiés

1 cuil. à soupe d'huile d'olive

Sel et poivre noir

SEMOULE AU LAIT

600 g de lait entier

180 g de semoule

100 g de pecorino, détaillé en copeaux

Aubergines rôties aux anchois et à l'origan

Pour 4 personnes en accompagnement

4 aubergines, détaillées en rondelles de 2 cm d'épaisseur (1 kg)

100 ml d'huile d'olive

20 g de filets d'anchois à l'huile, égouttés et hachés finement

1 cuil. à soupe de vinaigre de vin blanc

1 petite gousse d'ail, pelée et écrasée au presse-ail

1 cuil. à soupe d'origan

5 g de feuilles de persil, hachées

Sel et poivre noir

Contrairement à ce que l'on pourrait croire, l'association anchois/aubergines fonctionne extrêmement bien. Avec leurs saveurs iodées, les anchois donnent une certaine profondeur de goût aux aubergines plutôt qu'un véritable goût de poisson. Délicieuse sur des tranches de pain au levain grillé, cette préparation peut aussi servir de garniture, notamment avec des restes de poulet rôti ou un steak de thon fraîchement pêché. Ces aubergines se conservent très bien au réfrigérateur (2 jours au maximum), mais pensez à les ramener à température ambiante avant la dégustation.

1. Préchauffez le four à 220 °C (chaleur tournante).

2. Dans un cul-de-poule, mélangez les aubergines avec ½ cuillère à café de sel. Déposez les rondelles sur 2 grandes plaques chemisées avec du papier sulfurisé et badigeonnez-les de 70 ml d'huile d'olive sur les deux faces. Enfournez pour 35 minutes, jusqu'à ce qu'elles soient fondantes et bien colorées. Sortez du four et laissez tiédir.

3. Dans un bol, fouettez les anchois avec le vinaigre, l'ail, 1 grosse pincée de sel et ¼ de cuillère à café de poivre du moulin. Ajoutez les 2 cuillères à soupe d'huile restantes en filet, en fouettant continuellement jusqu'à obtenir une émulsion.

4. Au moment de dresser, ciselez les feuilles d'origan et versez-les dans un cul-de-poule avec les aubergines et le persil. Arrosez de sauce aux anchois, mélangez délicatement, puis transvasez dans un plat ou un saladier de service.

Légumes cuits

Aubergines rôties, sauce yaourt et curry

Si vous voulez prendre de l'avance, sachez que tous les éléments de ce plat peuvent se préparer la veille, à condition de les conserver ensuite dans des contenants séparés au réfrigérateur et de ne les mélanger qu'au dernier moment, après avoir pris soin de les ramener à température ambiante. Si, au marché, vous tombez par hasard sur des feuilles de curry fraîches – il n'y en a pas souvent sur les étals, mais il suffit d'une fois ! –, n'hésitez pas à en acheter : vous pourrez les congeler et les utiliser pour parfumer tous vos currys. Dans cette recette, elles sont frites dans une cuillère à soupe d'huile, puis ajoutées au plat à la fin, avec les arilles de grenade, pour offrir des notes aromatiques envoûtantes à ces aubergines. Et pour rester dans le thème de l'Inde, pourquoi ne pas remplacer les amandes effilées par des papadums frits et émiettés ?

Pour 4 personnes ayant bon appétit

3 grosses aubergines, ou 4 moyennes (1,1 kg)
100 ml d'huile d'arachide
200 g de yaourt à la grecque
¼ de cuil. à café de curcuma en poudre
1 citron vert : 1 cuil. à café de zeste et 2 cuil. à café de jus
2 cuil. à café de curry en poudre
1 oignon, émincé (150 g)
30 g d'amandes effilées
½ cuil. à café de graines de cumin, torréfiées et légèrement concassées
½ cuil. à café de graines de coriandre, torréfiées et légèrement concassées
40 g d'arilles de grenade
Sel et poivre noir

1. Préchauffez le four à 220 °C (chaleur tournante).

2. À l'aide d'un économe, pelez les aubergines en omettant une bande de peau sur deux de manière à créer des rayures verticales. Détaillez-les en rondelles de 2 cm d'épaisseur, que vous déposerez ensuite dans un saladier. Ajoutez 70 ml d'huile, ½ cuillère à café de sel, une bonne dose de poivre et mélangez. Étalez les rondelles sur une grande plaque chemisée et enfournez pour 40 à 45 minutes, jusqu'à ce qu'elles soient bien dorées. Sortez du four et laissez tiédir.

3. Dans un cul-de-poule, mélangez le yaourt avec le curcuma, le jus de citron vert, 1 cuillère à café de curry, 1 belle pincée de sel et quelques tours de moulin à poivre. Réservez au réfrigérateur jusqu'au moment voulu.

4. Mettez les 2 cuillères à soupe d'huile restantes à chauffer dans une grande poêle sur feu moyen-vif, puis faites revenir l'oignon 8 minutes en remuant régulièrement, jusqu'à ce qu'il soit tendre et bien coloré. Ajoutez le curry restant, les amandes, 1 pincée de sel et poursuivez la cuisson pendant 2 minutes, le temps que les amandes colorent.

5. Au moment de dresser, rangez les rondelles d'aubergine en rosace sur un grand plat de service ou directement dans les assiettes, puis arrosez de sauce au yaourt. Parsemez d'oignons frits, de graines de cumin et de coriandre, d'arilles de grenade, de zestes de citron vert et servez.

Légumes cuits

Cœurs de bœuf grillées, piment, ail et gingembre

Pour 4 personnes

75 ml d'huile d'olive

3 à 4 piments rouges doux, coupés en rondelles de 0,5 cm d'épaisseur et épépinés si vous n'aimez pas vos plats trop épicés (50 g)

8 gousses d'ail, émincées en fines lamelles (25 g)

30 g de gingembre (env. 4 cm), émincé en fines lamelles

20 g de tiges de coriandre (de 4 cm de long), plus 5 g de feuilles pour le dressage

4 tomates Cœur de bœuf, coupées dans la largeur en rondelles de 1 cm d'épaisseur (1 kg)

1,5 cuil. à café de graines de moutarde brunes, torréfiées

Fleur de sel et poivre noir

Ces tomates grillées sont déjà délicieuses avec un bon morceau de pain pour saucer l'huile délicatement parfumée, mais on peut aussi leur ajouter une boule de burrata ou de mozzarella pour en faire une entrée plus copieuse et tout en contraste, ou encore les servir au brunch avec des œufs brouillés. Si vos tomates ne vous semblent pas tout à fait au pic de leur maturité, saupoudrez-les d'une petite pincée de sucre avant de les passer au gril. Vous pouvez préparer ce plat jusqu'à 6 h à l'avance et le servir ensuite à température ambiante.

1. Préchauffez votre gril à température maximale.

2. Mettez l'huile à chauffer dans une casserole sur feu moyen-vif, puis faites infuser les piments, l'ail et le gingembre pendant 5 minutes en remuant de temps en temps, jusqu'à ce que l'ail commence tout juste à colorer. Ajoutez les tiges de coriandre et poursuivez la cuisson 2 à 3 minutes. Quand l'ail est uniformément doré et que les piments exhalent leurs parfums, retirez du feu et ôtez les aromates avec une écumoire pour stopper la cuisson. Réservez-les sur une assiette et l'huile dans la casserole.

3. Déposez les rondelles de tomates bien à plat sur une plaque à four de 30 x 40 cm et badigeonnez de 2 cuillères à soupe d'huile parfumée à l'aide d'un pinceau. Assaisonnez avec 1,5 cuillère à café de fleur de sel et quelques tours de moulin à poivre, puis enfournez pour 10 à 12 minutes en positionnant la plaque environ 5 cm en dessous du gril. Quand les tomates commencent à colorer, sortez-les du four et arrosez du restant d'huile parfumée. Répartissez les aromates précédemment réservés sur le dessus et laissez tiédir 10 minutes.

4. Servez directement sur la plaque ou dressez les tomates en rosace sur un plat de service. Parsemez de feuilles de coriandre et de graines de moutarde, arrosez de jus de cuisson (s'il y en a) et servez.

Légumes cuits

Chaud-froid de tomates cerise au yaourt citronné

Pour 4 personnes en entrée ou en amuse-bouche

350 g de tomates cerise

3 cuil. à soupe d'huile d'olive

¾ de cuil. à café de graines de cumin

½ cuil. à café de sucre de canne

3 gousses d'ail, émincées en fines lamelles

3 branches de thym

5 g d'origan frais : 3 brins entiers et les feuilles des brins restants pour le dressage

1 citron : 3 longs morceaux d'écorce et 1 cuil. à café de zeste

350 g de yaourt à la grecque bien épais, tout juste sorti du réfrigérateur

1 cuil. à café de piment d'Urfa en flocons (ou ½ cuil. à café si autre variété)

Fleur de sel et poivre noir

Tout l'intérêt de ce plat réside dans le contraste entre les tomates chaudes, juteuses à souhait, et le yaourt froid : pour un plaisir optimal, assurez-vous donc de sortir votre yaourt du réfrigérateur le plus tard possible et, à l'inverse, de servir vos tomates dès leur sortie du four. Sous l'effet de la chaleur, le yaourt se mettra à fondre et se mêlera au succulent jus des tomates… À vos marques, prêts, saucez !

1. Préchauffez le four à 200 °C (chaleur tournante).

2. Dans un cul-de-poule, mélangez les tomates avec l'huile d'olive, les graines de cumin, le sucre, l'ail, les branches de thym et d'origan, les écorces de citron, ½ cuillère à café de fleur de sel et quelques tours de moulin à poivre. Une fois les tomates bien enrobées, déposez-les sur une petite plaque à four de manière qu'elles restent bien groupées pendant la cuisson. Enfournez pour 20 minutes, jusqu'à ce que leur peau commence à se friper et que des bulles se forment dans leur jus. Passez en mode gril et poursuivez la cuisson 6 à 8 minutes pour noircir la peau des tomates.

3. Pendant ce temps, mélangez le yaourt avec les zestes de citron et ¼ de cuillère à café de fleur de sel. Réservez au frais jusqu'au moment de servir.

4. Dès que les tomates sont prêtes, dressez le yaourt dans une assiette creuse et formez un cratère avec le dos d'une cuillère. Déposez les tomates bien chaudes au centre, ainsi que leur jus de cuisson, l'écorce de citron, les lamelles d'ail et les herbes aromatiques. Parsemez de feuilles d'origan, de piment en flocons et servez aussitôt, avec du pain au levain ou de la foccacia.

Légumes cuits

Tomates, bettes et épinards aux amandes

Ce plat végétarien peut se servir chaud, accompagné de riz blanc ou tel quel, parsemé de dés de feta. Il fera aussi une excellente garniture, chaude ou tiède, pour toute sorte de volaille ou de poisson.

Après cuisson, ces légumes pourront se conserver 24 h au réfrigérateur. Ramenez-les simplement à température ambiante (ou réchauffez-les gentiment) avant de servir, et ajoutez les amandes à la toute dernière minute.

Pour 6 personnes en accompagnement

50 g d'amandes effilées
½ cuil. à café de paprika
60 ml d'huile d'olive
1,5 cuil. à café de graines de carvi
2 gousses d'ail, émincées en fines lamelles
2 boîtes de 400 g de tomates pelées
500 g de bettes : émincez les côtes et hachez grossièrement les feuilles
130 g de feuilles d'épinards, déchirées grossièrement
2 citrons verts : 1 cuil. à café de zeste et 2 cuil. à soupe de jus
35 g de menthe, hachée
35 g d'aneth, haché
8 cébettes, coupées en tronçons de 1 cm (80 g)
Sel

Légumes cuits

1. Dans une grande sauteuse pour laquelle vous avez un couvercle, faites dorer les amandes et le paprika à feu moyen dans 2 cuillères à soupe d'huile pendant 2 à 3 minutes, puis débarrassez dans un cul-de-poule. (Laissez l'huile refroidir, puis jetez-la.)

2. Remettez la sauteuse sur le feu – moyen-vif cette fois – avec 2 nouvelles cuillères à soupe d'huile. Ajoutez le carvi et l'ail dans l'huile chaude et laissez dorer 1 minute. Ajoutez les tomates, les côtes et les feuilles de bettes et ¾ de cuillère à café de sel, puis mélangez tout en écrasant les tomates. Poursuivez la cuisson 20 minutes à couvert, en remuant de temps en temps, pour laisser le temps aux feuilles de bettes de tomber et aux tomates de compoter. Hors du feu, incorporez les épinards, les zestes et le jus de citron vert, les herbes et les cébettes. Parsemez d'amandes effilées grillées et servez.

Poêlée de brocoli et kale à l'ail, cumin et citron vert

Le kale et le brocoli peuvent être blanchis quelques heures en amont, à condition de bien les refroidir sous l'eau froide, puis de les égoutter et de les sécher aussitôt. En optant pour cette organisation, vous n'aurez plus qu'à poêler les légumes juste avant de servir, ce qui ne vous prendra pas plus de 5 minutes : que demander de plus ?

1. Portez une grande casserole d'eau salée à ébullition, puis blanchissez les brocolis pendant 1 minute 30. Sortez-les de l'eau avec une écumoire, puis stoppez la cuisson sous l'eau froide. Séchez chaque bouquet avec du papier absorbant. Plongez ensuite le kale dans la même eau pendant 30 secondes, puis stoppez la cuisson de la même façon. Déposez les feuilles de kale dans un torchon propre, pressez pour extraire un maximum d'eau, puis réservez.

2. Mettez l'huile à chauffer sur feu vif dans une grande sauteuse, puis faites revenir l'ail avec les graines de cumin pendant environ 2 minutes en remuant une ou deux fois. Quand l'ail commence à colorer, retirez-le de la sauteuse avec une spatule ajourée et réservez. Versez délicatement le kale dans la sauteuse – gare aux projections d'huile ! – et faites-le revenir 3 à 4 minutes, jusqu'à ce que les feuilles croustillent. Ajoutez le brocoli, la moitié du piment et ¼ de cuillère à café de sel. Mélangez sur le feu pendant 1 minute, puis débarrassez dans un plat de service. Incorporez délicatement la menthe, arrosez de jus de citron vert et saupoudrez du reste de piment. Parsemez les lamelles d'ail précédemment réservées sur le dessus et servez.

Pour 6 personnes en accompagnement

- **1 beau brocoli**, détaillé en petits bouquets de 3 à 4 cm (300 g)
- **350 g de kale**, débarrassé de ses tiges ligneuses (250 g)
- **3 cuil. à soupe d'huile d'olive**
- **3 gousses d'ail**, émincées en fines lamelles
- **½ cuil. à café de graines de cumin**
- **2 cuil. à café de piment d'Urfa en flocons** (ou 1 cuil. à café si autre variété)
- **10 g de feuilles de menthe**, hachées
- **1 cuil. à soupe de jus de citron vert**
- **Sel**

Légumes cuits

Rapini vapeur à la sauce soja, ail et cacahuètes

Pour 4 personnes

en accompagnement

3 cuil. à soupe d'huile d'arachide

3 gousses d'ail, émincées en fines lamelles

20 g de gingembre (env. 3 cm), pelé et taillé en julienne

1 orange : 3 longs morceaux d'écorce

30 g de cacahuètes grillées salées, grossièrement hachées

550 g de *rapini*, parés et coupés en deux dans la largeur si les tiges sont épaisses

2 cuil. à soupe de sauce soja claire

1,5 cuil. à café de miel

Sel

Si vous préférez, vous pouvez remplacer le rapini de cette recette par une même quantité de choy sum, *mais, dans ce cas, diminuez le temps de cuisson à la vapeur (1 minute 30 suffira). Ce plat de légumes peut se servir avec toute sorte de mets – et en particulier les volailles rôties –, ou se déguster tel quel avec un bol de riz blanc.*

1. Mettez l'huile à chauffer dans une petite casserole sur feu moyen-vif. Ajoutez l'ail, le gingembre, les écorces d'orange, les cacahuètes et faites revenir 2 à 3 minutes en remuant régulièrement, jusqu'à ce que l'ail et les cacahuètes soient légèrement dorés. Débarrassez dans un bol (huile comprise) pour stopper la cuisson et réservez.

2. Dans une grande casserole sur laquelle vous pouvez fixer un panier vapeur, versez juste assez d'eau pour ne pas toucher le fond du panier. Mettez à chauffer sur feu vif et, à l'ébullition, déposez les *rapini* dans le panier vapeur. Laissez cuire 4 à 5 minutes, puis débarrassez dans un plat de service.

3. Remettez la petite casserole dans laquelle vous avez fait dorer les cacahuètes sur feu vif – ne vous embêtez pas à la nettoyer – et faites réduire la sauce soja, le miel et 1 pincée de sel pendant env. 1 minute : une fois le mélange épaissi, vous devriez obtenir 1,5 cuillère à soupe de sauce. Versez 2 cuillères à soupe d'huile parfumée sur les *rapini*, ainsi que les cacahuètes et les aromates. Arrosez du mélange soja-miel, mélangez délicatement et servez.

Légumes cuits

Chou rôti à l'estragon et au pecorino

Pour 4 personnes

120 ml d'huile d'olive

2 citrons : 2 cuil. à soupe de zeste et 2 cuil. à soupe de jus

2 gousses d'ail, pelées et écrasées au presse-ail

2 choux pointus (ou choux de printemps), débarrassés de leurs premières feuilles, puis coupés en 8 dans le sens de la longueur (1 kg)

10 g de feuilles d'estragon, hachées

30 g de pecorino, détaillé en copeaux

Sel et poivre noir

Ce plat se sert tiède pour conserver tout le goût et la texture du pecorino. Il trouvera sa place aux côtés d'une volaille ou de légumes rôtis, accompagnés d'une purée de pommes de terre.

1. Préchauffez le four à 220 °C (chaleur tournante).

2. Dans un bol, fouettez l'huile avec les zestes de citron, l'ail, ¼ de cuillère à café de sel et quelques tours de moulin à poivre. Isolez 2 cuillères à soupe de cette huile aromatisée et réservez.

3. Versez les quartiers de choux dans un saladier et assaisonnez avec 1 pincée de sel. Arrosez d'huile aromatisée (les 2 cuillères à soupe précédemment isolées vous serviront plus tard) et mélangez jusqu'à ce que toutes les feuilles soient bien enrobées. Déposez les quartiers de choux sur deux plaques chemisée et enfournez pour 20 à 25 minutes jusqu'à ce que les feuilles soient dorées et croustillantes. (Pour garantir une cuisson homogène, intervertissez les plaques à mi-cuisson). Débarrassez dans un plat de service et laissez tiédir 5 à 10 minutes.

4. Versez le jus de citron dans les 2 cuillères à soupe d'huile aromatisée précédemment isolées et arrosez les choux de ce mélange. Parsemez d'estragon haché et de pecorino, donnez quelques tours de moulin à poivre et servez.

Photo à la page 98

Kale mariné à la moutarde, asperges et fèves

Ici, un peu de temps et quelques manipulations sont nécessaires pour permettre au kale de mariner correctement. Ainsi, n'hésitez pas à démarrer votre recette jusqu'à 4 h avant l'heure à laquelle vous comptez la servir. En revanche, réservez l'assemblage des différents éléments pour la dernière minute. À titre informatif, vous trouverez des fèves surgelées dans tous les hypermarchés ou chez les spécialistes du surgelé.

1. Préchauffez le four à 160 °C (chaleur tournante).

2. Dans un cul-de-poule, mélangez les graines de tournesol et de courge avec ½ cuillère à café de sirop d'érable, 1 grosse pincée de sel et quelques tours de moulin à poivre. Répartissez les graines sur une petite plaque chemisée avec du papier sulfurisé et laissez dorer 12 minutes au four. Laissez tiédir environ 30 minutes : si, en refroidissant, les graines durcissent et se collent entre elles, ne vous en faites pas, il vous suffira ensuite de les détailler en morceaux de 2 à 3 cm.

3. Versez le kale dans un saladier avec le reste du sirop d'érable, le vinaigre, la moutarde, 2 cuillères à soupe d'huile et ¼ de cuillère à café de sel. Massez les feuilles pendant 1 minute pour que la marinade les imprègne bien et les attendrisse. Réservez au minimum 30 minutes (au maximum 4 h).

4. Dans une grande poêle, mettez la cuillère à soupe d'huile restante à chauffer sur feu moyen-vif, puis faites cuire les asperges 6 minutes avec 1 pincée de sel, en les retournant régulièrement pour permettre une cuisson homogène. Retirez du feu et laissez tiédir avant de détailler en tronçons biseautés de 4 cm.

5. Au moment de servir, versez les asperges, les fèves et les herbes aromatiques sur le kale et mélangez. Dressez le tout sur un grand plat de service, parsemez de graines de courge et de tournesol torréfiées et servez.

Pour 4 à 6 personnes

30 g de graines de tournesol
30 g de graines de courge
1,5 cuil. à café de sirop d'érable
250 g de kale, débarrassé de ses tiges, puis grossièrement déchiré en lanières de 4 à 5 cm (200 g)
1,5 cuil. à soupe de vinaigre de vin blanc
2 cuil. à café de moutarde à l'ancienne
3 cuil. à soupe d'huile d'olive
500 g d'asperges, parées (300 g)
120 g de fèves pelées surgelées, décongelées
10 g de feuilles d'estragon, hachées
5 g d'aneth, haché
Sel et poivre noir

Asperges rôties aux amandes, aux câpres et à l'aneth

Voici l'un des plats que mon mari Karl cuisine souvent le dimanche à la maison. Comme il a souvent la main un peu lourde sur le beurre – mais c'est un gourmand, et puis les week-ends ne sont-ils pas faits pour se faire plaisir après tout ? –, j'ai pris la liberté de diminuer la quantité de matières grasses pour rétablir l'équilibre de cette recette.

Pour 4 personnes en accompagnement

600 g d'asperges, parées (400 g)
3 cuil. à soupe d'huile d'olive
30 g de beurre doux
20 g d'amandes effilées
30 g de câpres, séchées avec du papier absorbant
10 g d'aneth, haché
Sel et poivre noir

1. Préchauffez le four à 200 °C (chaleur tournante).

2. Dans un cul-de-poule, enrobez les asperges de 1 cuillère à soupe d'huile, d'une bonne pincée de sel et de quelques tours de moulin à poivre. Déposez-les ensuite sur une grande plaque chemisée (en les espaçant bien les unes des autres), et enfournez pour 8 à 12 minutes selon leur épaisseur. Dès qu'elles sont tendres et commencent à dorer, débarrassez dans un grand plat de service et réservez.

Légumes cuits

3. Dans une petite casserole, faites fondre le beurre sur feu moyen-vif, puis ajoutez les amandes et faites dorer 1 à 2 minutes en remuant régulièrement. Versez le tout sur les asperges.

4. Mettez les 2 cuillères à soupe d'huile restantes à chauffer dans la casserole sur feu vif et faites rissoler les câpres 1 à 2 minutes sans cesser de remuer, jusqu'à ce qu'elles s'ouvrent et deviennent croquantes. Sortez-les avec une écumoire (vous pouvez jeter l'huile) et répartissez-les sur les asperges. Parsemez d'aneth et servez.

Légumes cuits

Chou palmier Noir de Toscane au chorizo et au citron confit

Entre le goût marqué du chorizo, les vertus santé du chou palmier et le peps surprenant du citron confit, ce plat a toutes les vertus ! Servez-le tel quel, sous forme de mezze, ou en accompagnement de vos viandes rôties ou grillées.

1. Dans une grande sauteuse pour laquelle vous avez un couvercle, mettez l'huile à chauffer sur feu moyen-vif et faites frire le chorizo 3 à 4 minutes. Ajoutez l'ail, laissez colorer 1 minute, puis le paprika et mélangez. En vous aidant d'une écumoire, sortez le chorizo et l'ail de la sauteuse et réservez-les dans un bol.

2. Versez le chou palmier en trois ou quatre fois dans la sauteuse et jouez de la cuillère en bois pour bien l'enrober d'huile. Quand tout le chou est en cuisson, ajoutez 2 cuillères à soupe d'eau, ¼ de cuillère à café de sel et une bonne dose de poivre. Laissez cuire 3 minutes à couvert en remuant une fois ou deux pour permettre à toutes les feuilles de tomber. Retirez le couvercle et poursuivez la cuisson jusqu'à évaporation complète du liquide en remuant constamment. Au bout de 5 à 6 minutes, vos feuilles doivent être cuites et légèrement colorées, mais encore croquantes sous la dent.

3. Remettez le chorizo et l'ail dans la sauteuse avec le chou, ainsi que le citron confit et le jus de citron. Mélangez le tout puis, hors du feu, incorporez la crème aigre. Dressez dans un grand plat de service ou directement dans les assiettes.

Pour 4 personnes

1 cuil. à soupe d'huile d'olive

3 chorizos à cuire, coupés en deux dans le sens de la longueur, puis détaillés en demi-lunes de 1 cm d'épaisseur (150 g)

3 gousses d'ail, émincées en fines lamelles

½ cuil. à café de paprika fumé doux

600 g de chou palmier Noir de Toscane, débarrassé de ses tiges, découpé en lanières de 4 cm de large, puis rincé (360 g)

2 petits citrons confits, épépinés, chair et peau grossièrement hachées (40 g)

1 cuil. à soupe de jus de citron

100 g de crème aigre

Sel et poivre noir

Légumes cuits

Gombos express, sauce aigre-douce

Pour 4 personnes
en accompagnement

700 g de gombos, parés (attention à ne pas couper la queue trop près des graines, ce qui libérerait le mucilage et rendrait le plat visqueux)

2 gousses d'ail, pelées et écrasées au presse-ail

3 cuil. à soupe d'huile d'arachide (ou autre huile neutre)

1 piment rouge, épépiné et émincé

2 cuil. à café de sirop d'érable

½ cuil. à café d'huile de sésame

1 citron vert : 1 cuil. à café de zeste et 1,5 cuil. à soupe de jus

15 g de coriandre, hachée

40 g de cacahuètes grillées salées, grossièrement hachées, pour le dressage

Sel et poivre noir

Quand on aime les gombos, on ne peut pas s'empêcher d'essayer de convertir les réfractaires à ce légume. D'ailleurs, j'invite tous ceux que leur texture gluante rebute à leur laisser une dernière chance avec cette recette. Ici, les gombos sont cuits entiers et sur une très courte durée, ce qui permet de les garder croquants et de ne pas libérer le mucilage qui peut parfois les rendre visqueux. Ce plat peut servir de garniture – un délice par exemple avec notre bar rôti au soja et au gingembre (p. 260) – ou tel quel, avec un bol de riz blanc.

1. Préchauffez le four à 200 °C (chaleur tournante).

2. Dans un saladier, mélangez les gombos avec l'ail, 2 cuillères à soupe d'huile, ¾ de cuillère à café de sel et quelques tours de moulin à poivre noir. Étalez en une couche sur deux plaques chemisées avec du papier sulfurisé et enfournez pour 7 minutes. En fin de cuisson, vos gombos doivent être encore bien verts et encore fermes au toucher. Sortez du four et laissez tiédir 10 minutes.

3. Dans un cul-de-poule, émulsionnez la cuillère à soupe d'huile restante avec le piment, le sirop d'érable, l'huile de sésame, 1 pincée de sel, les zestes et le jus de citron vert. Au moment de servir, ajoutez les gombos et la coriandre hachée dans le cul-de-poule et mélangez intimement – la sauce a tendance à rester au fond du cul-de-poule, n'en perdez pas une goutte !

4. Dressez dans un saladier de service, parsemez de cacahuètes grillées et servez.

Photo sur la double-page suivante

Légumes cuits

Le wok de Garry : chou sauté à l'ail et au piment

Voici une recette qui, comme me l'a fait remarquer mon ami Garry Bar-Chang alors en pleins préparatifs d'un grand buffet taïwanais, permet de faire le plein de chou. Pour réussir ce wok, il n'y a que trois fondamentaux à respecter : une bonne dose de piment, une bonne dose d'ail et un bon coup de poignée !

1. Dans un wok (ou une grande poêle), mettez l'huile à chauffer sur feu vif, puis ajoutez l'ail et le piment. Faites sauter pendant 1 minute, sans cesser de secouer le wok. Ajoutez les cébettes et faites sauter 2 minutes.

2. Ajoutez le chou en plusieurs fois (les feuilles vont rétrécir à mesure qu'elles cuisent) et faites sauter 5 minutes avec ¾ de cuillère à café de sel. En fin de cuisson, le chou doit être cuit, mais encore légèrement croquant. Retirez du feu, laissez tiédir 5 minutes, puis servez avec des quartiers de citron vert.

Pour 4 personnes en accompagnement

2,5 cuil. à soupe d'huile de tournesol
6 gousses d'ail, émincées
2 piments rouges, épépinés et coupés en morceaux de 2 cm
5 cébettes, taillées en tronçons biseautés de 3 cm
Les feuilles de 1 chou pointu (ou chou de printemps), déchirées en deux (550 g)
1 citron vert, coupé en quatre, pour le dressage
Sel

Photo sur la double-page suivante

Cru-cuit de chou-fleur, grenade et pistaches

La première fois que j'ai associé du chou-fleur cuit et du chou-fleur cru dans un plat, j'ai été véritablement bluffé par le résultat : de goût et de texture très différents, ils se subliment pourtant divinement l'un l'autre. Les feuilles ne sont pas à négliger non plus : elles sont délicieuses rôties et bien croquantes ou crues et râpées avec les sommités. Bien qu'elle soit suffisamment riche en saveurs pour être servie seule, cette salade peut aussi trouver sa place sur en buffet parmi d'autres petits plats, ou faire office de garniture, notamment pour accompagner les plats à base d'agneau ou de poulet rôti. Si vous voulez prendre de l'avance, faites cuire le chou-fleur et l'oignon 4 à 6 h avant l'heure du dîner et gardez-les ensuite à température ambiante. Composez la salade au dernier moment.

Pour 4 personnes
- **1 gros chou-fleur** (800 g)
- **1 oignon**, émincé (130 g)
- **80 ml d'huile d'olive**
- **25 g de persil**, haché
- **10 g de menthe**, hachée
- **10 g d'estragon**, haché
- **Les arilles de ½ grenade** (80 g)
- **40 g de pistaches décortiquées**, torréfiées et grossièrement hachées
- **1 cuil. à café de cumin en poudre**
- **1,5 cuil. à soupe de jus de citron**
- **Sel**

1. Préchauffez le four à 200 °C (chaleur tournante).

2. Râpez grossièrement un tiers du chou-fleur et réservez dans une jatte. Détaillez les deux tiers restants en sommités d'environ 3 cm et versez-les dans un cul-de-poule avec les feuilles de chou-fleur (si vous en avez) et l'oignon. Ajoutez 2 cuillères à soupe d'huile d'olive, ¼ de cuillère à café de sel et mélangez. Étalez le contenu du saladier sur une grande plaque chemisée et enfournez pour environ 20 minutes, jusqu'à ce que les sommités soient tendres et légèrement dorées. Sortez la plaque du four et laissez tiédir.

3. Une fois les légumes revenus à température ambiante, versez-les dans un saladier avec 50 ml d'huile d'olive, la semoule de chou-fleur et tous les ingrédients restants. Assaisonnez avec ¼ de cuillère à café de sel et mélangez délicatement. Dressez dans un plat de service et dégustez.

Gratin de chou-fleur à la moutarde

Pour 4 personnes

1 gros chou-fleur, détaillé en sommités d'env. 4 cm (700 g)

30 g de beurre doux

1 petit oignon, ciselé (120 g)

1,5 cuil. à café de graines de cumin

1 cuil. à café de curry en poudre

1 cuil. à café de moutarde en poudre (disponible en magasin bio)

2 piments verts, épépinés et taillés en brunoise

¾ de cuil. à café de graines de moutarde brunes

200 ml de crème entière liquide

120 g de cheddar ou cantal vieux, grossièrement râpé

15 g de pain de mie, haché

5 g de persil, ciselé

Sel

Plat gourmand par excellence, ce gratin est un délice avec du poulet rôti, des saucisses ou un steak. Les végétariens pourront le marier avec du riz complet, une salade verte au yaourt et un quartier de citron vert par exemple. Les trois premières étapes de cette recette peuvent être réalisées 24 h à l'avance (gardez le plat au réfrigérateur en attendant).

1. Préchauffez le four à 180 °C (chaleur tournante).

2. Faites précuire le chou-fleur 5 minutes à la vapeur pour l'attendrir, puis réservez et laissez tiédir.

3. Dans une cocotte de 24 cm de diamètre passant au four, mettez le beurre à fondre, puis faites dorer l'oignon 8 minutes à feu moyen. Ajoutez les graines de cumin, le curry, la moutarde en poudre, les piments et laissez cuire 4 minutes en remuant de temps en temps. Ajoutez les graines de moutarde, patientez 1 minute, puis déglacez avec la crème liquide. Ajoutez 100 g de cheddar, ½ cuillère à café de sel et laissez épaissir 2 à 3 minutes. Versez les sommités de chou-fleur dans la sauce, mélangez délicatement, puis laissez mitonner encore 1 minute avant de retirer du feu.

4. Versez les 20 g de cheddar restants dans un cul-de-poule avec le pain de mie haché et le persil. Mélangez, puis répartissez cette chapelure sur le gratin. Nettoyez les parois de la cocotte avec un torchon ou une spatule souple pour éviter que les résidus de crème ne brûlent et enfournez pour 8 minutes. Passez en mode gril (puissance maximale) et faites gratiner 4 minutes, en surveillant régulièrement. Sortez la cocotte du four et laissez tiédir 5 minutes avant de servir.

Légumes cuits

Chou-fleur rôti entier

Pour 4 personnes
1 gros chou-fleur, avec ses feuilles (1,3 kg)
45 g de beurre pommade
2 cuil. à soupe d'huile d'olive
1 citron, coupé en quartiers, pour le dressage
Fleur de sel

Halte aux feuilles de chou-fleur qui finissent à la poubelle alors que, comme ici, elles sont si délicieuses et croustillantes quand on les rôtit directement sur la tête ! Personnellement, j'adore proposer ce plat à l'apéritif à mes invités. Je pose le chou-fleur entier au centre de la table et chacun se sert avec les doigts, détachant les feuilles et les sommités au fur et à mesure de la dégustation, pour venir ensuite les tremper dans la sauce au sésame et/ou les saupoudrer d'une pincée de sel. Si cette façon de faire vous paraît trop rustique ou excentrique (bien qu'en fait, elle ne soit ni l'une ni l'autre), rien ne vous empêche bien entendu de détailler le chou-fleur en quartiers et de le servir de manière plus traditionnelle avec des couteaux et des fourchettes ! La sauce au sésame reste facultative : pour ma part, je ne saurais m'en passer, mais un filet de jus de citron ou une cuillère de crème fraîche feront aussi très bien l'affaire.

1. À l'aide d'une paire de ciseaux, coupez les feuilles sur le haut du chou-fleur de manière à faire apparaître le sommet de la tête sur environ 5 cm.

2. Sortez une casserole suffisamment grande pour accueillir le chou-fleur et remplissez-la aux trois quarts d'eau salée. Portez à ébullition, puis plongez délicatement le chou-fleur dans l'eau, la tête la première (ne vous en faites pas si la base n'est pas complètement immergée). Attendez la reprise de l'ébullition, puis comptez 6 minutes de cuisson avant de sortir le chou-fleur avec une écumoire et de le transvaser dans une passoire, toujours la tête en bas. Laissez s'égoutter 10 minutes.

3. Préchauffez le four à 170 °C (chaleur tournante).

4. Mélangez le beurre et l'huile. Déposez le chou-fleur, tête vers le ciel, sur une plaque à four, et badigeonnez du mélange beurre/

huile. Saupoudrez de 1 cuillère à café légèrement bombée de fleur de sel et enfournez pour 1 h 30 à 2 h, en arrosant 5 à 6 fois avec le mélange beurre/huile. En fin de cuisson, votre chou-fleur doit être fondant à l'intérieur, bien doré à l'extérieur et les feuilles doivent être presque brûlées et craquantes.

5. À la sortie du four, laissez tiédir 5 minutes, puis détaillez en quatre parts égales (avec un couteau ou à la main) et servez avec des quartiers de citron, une pincée de sel, ou accompagné de la sauce verte au sésame proposée ci-après.

Sauce verte au sésame

Cette sauce s'accorde parfaitement avec le chou-fleur rôti de la page ci-contre, mais elle n'est pas indispensable à la recette. Si vous décidez de lui laisser sa chance, vous pourrez ensuite la conserver jusqu'à 3 jours au réfrigérateur.

Versez le tahin, le persil et l'ail dans le bol d'un petit robot et mixez environ 1 minute ou jusqu'à ce que le tahin devienne vert. Ajoutez le jus de citron, ¼ de cuillère à café de fleur de sel et 80 ml d'eau, puis mixez de nouveau jusqu'à obtenir la consistance d'une crème liquide. Si votre sauce vous paraît trop liquide, ajoutez un soupçon de tahin ; à l'inverse, si elle vous paraît trop épaisse, délayez-la avec un peu d'eau.

Pour 4 personnes (à servir avec le chou-fleur rôti entier ci-avant)
80 g de tahin
15 g de persil, haché
1 petite gousse d'ail, pelée et écrasée au presse-ail
3 cuil. à soupe de jus de citron
Fleur de sel

Légumes cuits

Salade de chou-fleur et d'œufs à la reine

Cette recette n'est autre qu'une version végétarienne du poulet à la reine. Cette définition vous paraît trop abstraite ? Et bien il ne vous reste qu'à goûter pour vous faire une idée ! Et si la volaille vous manque, pourquoi ne pas servir ce plat en guise de garniture pour votre poulet rôti du dimanche ?

Pour 4 à 6 personnes

- **1 chou-fleur**, paré et détaillé en sommités de 3 à 4 cm ; réservez les feuilles tendres (500 g)
- **1 oignon**, pelé et coupé en quartiers de 1 cm de large (180 g)
- **2 cuil. à soupe d'huile d'olive**
- **1 cuil. à soupe de curry en poudre (doux)**
- **9 œufs de gros calibre**
- **100 g de yaourt à la grecque**
- **50 g de mayonnaise**
- **1 cuil. à café de piment d'Alep en flocons** (ou ½ cuil. à café si autre variété)
- **1 cuil. à café de graines de cumin**, torréfiées et grossièrement concassées
- **2 citrons** : 1 cuil. à soupe de jus et 4 à 6 quartiers, pour le dressage
- **10 g d'estragon**, haché
- **Sel et poivre noir**

Photo ci-contre avec Chou rôti à l'estragon et au pecorino (p. 80)

Légumes cuits

1. Préchauffez le four à 230 °C (chaleur tournante).

2. Dans un saladier, mélangez les sommités de chou-fleur (ainsi que les jeunes feuilles qui y sont encore attachées, s'il y en a) avec l'oignon, l'huile d'olive, 2 cuillères à café de curry, ¾ de cuillère à café de sel et une bonne dose de poivre. Étalez le tout sur une grande plaque chemisée avec du papier sulfurisé et enfournez pour 15 minutes, jusqu'à ce que les sommités soient cuites (mais encore légèrement croquantes) et bien dorées. Sortez du four et laissez tiédir.

3. Remplissez une casserole d'eau que vous porterez à ébullition sur feu vif. Baissez le feu (moyen-vif), plongez délicatement les œufs dans l'eau et laissez cuire 10 minutes. Une fois les œufs durs, égouttez-les, puis stoppez la cuisson sous l'eau froide. Attendez qu'ils refroidissent, puis écalez-les, déposez-les dans un saladier et hachez-les grossièrement avec le dos d'une fourchette.

4. Dans un cul-de-poule, mélangez le yaourt, la mayonnaise, 1 cuillère à café de curry, la moitié du piment d'Alep, le cumin, le jus de citron et ¼ de cuillère à café de sel. Versez cette sauce sur les œufs, puis ajoutez l'estragon, ainsi que le chou-fleur et l'oignon rôtis. Mélangez bien, puis dressez sur un plat de service, parsemez du reste de piment et servez avec des quartiers de citron.

Légumes cuits

Pois chiches et feuilles de bette au yaourt

Pour 2 personnes

2 carottes, pelées et taillées en mirepoix (200 g)

45 ml d'huile d'olive, plus un filet pour le dressage

1 gros oignon, ciselé (180 g)

1 cuil. à café de graines de carvi

1,5 cuil. à café de cumin en poudre

200 g de feuilles de bette, détaillées en lanière de 1 cm de large

1 boîte de 400 g de pois chiches, égouttés et rincés (230 g)

1 citron : 1 cuil. à soupe de jus et deux gros quartiers, pour le dressage

70 g de yaourt à la grecque

5 g de coriandre, hachée

Sel et poivre noir

Quand on a envie d'un bon petit plat généreux et réconfortant, rien de tel que cette recette de pois chiches aux bettes et au yaourt servie avec du riz blanc. Si vous n'avez pas de coriandre sous la main, ne vous embarrassez pas de ce détail : elle apporte un petit plus appréciable, mais n'est en rien indispensable. Côté organisation, vous pouvez tout préparer à l'avance (6 h au maximum) jusqu'à la fin de l'étape 3, mais gardez l'étape 4 pour la dernière minute. Servez à température ambiante ou réchauffez quelques minutes avant d'assaisonner avec le jus de citron, le yaourt, etc.

1. Préchauffez le four à 200 °C (chaleur tournante).

2. Mélangez les dés de carottes avec 1 cuillère à soupe d'huile d'olive, ¼ de cuillère à café de sel et quelques tours de moulin à poivre. Étalez sur une plaque chemisée avec du papier sulfurisé et enfournez pour 20 minutes : en fin de cuisson, les carottes doivent encore être croquantes.

3. Versez les 2 cuillères à soupe d'huile d'olive restantes dans une grande poêle et faites dorer l'oignon avec le carvi et le cumin 10 minutes à feu moyen, en remuant de temps en temps. Ajoutez les lanières de bette, les dés de carottes, les pois chiches, 75 ml d'eau, ½ cuillère à café de sel, quelques tours de moulin à poivre et mélangez. Laissez cuire 5 minutes pour permettre aux feuilles de bette de tomber et à l'eau de végétation des légumes de s'évaporer.

4. Incorporez le jus de citron hors du feu, puis dressez dans les assiettes avec une belle cuillère de yaourt et un quartier de citron. Parsemez de coriandre, arrosez d'un filet d'huile d'olive et… à table !

Photo sur la double-page suivante

Mijoté de haricots plats à la tomate

Servi avec du riz complet, ce plat estival et léger contentera les appétits les plus féroces ; si vous préférez, vous pouvez aussi le servir en mezze, avec d'autres petits plats à picorer. Grand allié de ceux qui aiment anticiper, ce mijoté a la particularité de se bonifier avec le temps : plus on le prépare tôt (2 jours au maximum), meilleur il est ! Le jour J, pensez à le réchauffer quelques minutes avant de passer à table si vous voulez le déguster chaud, ou à le sortir du réfrigérateur 30 minutes à l'avance si vous voulez le déguster froid.

1. Dans une grande sauteuse pour laquelle vous avez un couvercle, mettez l'huile à chauffer sur feu moyen-vif et faites revenir les oignons 8 minutes, en remuant de temps en temps, jusqu'à ce qu'ils soient tendres et dorés. Ajoutez l'ail, le cumin, le paprika, la noix muscade et poursuivez la cuisson 2 minutes, sans cesser de remuer. Ajoutez le double concentré de tomate, laissez cuire 1 minute, puis les haricots plats, les tomates, le bouillon, ¾ de cuillère à café de sel et du poivre noir. Passez à feu moyen et faites mijoter 30 minutes à couvert.

2. Retirez le couvercle et laissez épaissir 30 minutes, en remuant de temps en temps, jusqu'à ce que les haricots ne montrent plus aucune résistance. Retirez du feu et incorporez la coriandre. Servez chaud ou à température ambiante.

Pour 4 personnes

2 cuil. à soupe d'huile d'olive

2 oignons, hachés (240 g)

3 grosses gousses d'ail, hachées

2 cuil. à café de graines de cumin

1,5 cuil. à café de paprika fort

¾ de cuil. à café de noix muscade râpée

1 cuil. à soupe de double concentré de tomate

500 g de haricots plats, équeutés et taillés en tronçons biseautés de 2 cm

6 tomates, pelées et grossièrement hachées (500 g)

500 ml de bouillon de légumes

10 g de coriandre, hachée

Sel et poivre noir

Photo sur la double-page suivante

Haricots verts et tofu en sauce rouge

Pour 4 personnes

450 g de haricots verts, équeutés

1 cuil. à soupe d'huile de tournesol

400 g de tofu ferme, coupé en cubes de 2 à 3 cm et séché avec du papier absorbant

15 g de coriandre, hachée

Sel

SAUCE ROUGE

6 gousses d'ail, pelées et écrasées au presse-ail

2 cuil. à café de paprika fort

1 cuil. à soupe de graines de carvi, torréfiées, puis écrasées au mortier

2 cuil. à café de cumin en poudre

½ cuil. à café de cannelle

3 cuil. à soupe d'huile de tournesol

3 cuil. à soupe de double concentré de tomate

2 cuil. à café de sucre semoule

2 citrons verts : 1 cuil. à soupe de jus et 4 quartiers (pour le dressage)

Servi tel quel ou avec du riz, voici un excellent plat principal pour les végétariens. D'inspiration libyenne, la sauce rouge aux épices peut se conserver au moins 1 semaine au réfrigérateur (ou 1 mois au congélateur) et peut accompagner le poulet, le poisson ou même simplement accueillir quelques morceaux de pain à tremper à l'apéritif ; autant de bonnes raisons d'en préparer plus que nécessaire !

1. Remplissez une casserole d'eau à mi-hauteur et portez à ébullition sur feu vif. Plongez les haricots dans l'eau bouillante et laissez cuire 5 à 6 minutes pour qu'ils soient cuits mais encore croquants. Égouttez, stoppez la cuisson sous l'eau froide, égouttez à nouveau et réservez.

2. Dans une grande sauteuse, mettez l'huile à chauffer sur feu moyen-vif, puis faites dorer les cubes de tofu 4 à 5 minutes sur toutes les faces avec ⅓ de cuillère à café de sel. Débarrassez et réservez.

3. Pour la sauce rouge, mélangez l'ail, les épices et l'huile de tournesol dans un bol. Remettez votre grande sauteuse sur le feu (moyen-vif) et versez-y ce mélange. Laissez frémir 1 minute, puis ajoutez le double concentré de tomate, le sucre, le jus de citron vert et ¾ de cuillère à café de sel. Mélangez, puis mouillez avec 250 ml d'eau. À la reprise de l'ébullition, laissez la sauce épaissir 2 minutes en remuant régulièrement. Ajoutez les haricots et poursuivez la cuisson 1 minute le temps qu'ils se réchauffent.

4. Hors du feu, incorporez délicatement le tofu et la coriandre, puis dressez dans quatre assiettes creuses. Servez avec un quartier de citron vert par assiette.

Guacamole revisité aux saveurs printanières

*Pour 4 personnes,
à l'apéritif*

250 g de fèves, écossées mais non pelées (fraîches ou surgelées)

1 gros avocat, pelé et haché grossièrement (190 g)

1 citron : 1 long morceau d'écorce et 1,5 cuil. à soupe de jus

60 ml d'huile d'olive

2 cébettes, émincées

Sel

Quand il s'agit de peler les fèves, il y a deux façons de voir les choses : certains considèrent cette tâche comme la pire des corvées, et d'autres comme un excellent moyen de se vider l'esprit et de se relaxer en écoutant de la musique ; au choix ! Si vous êtes dans le premier cas, sachez que vous pouvez toujours déléguer, si toutefois quelqu'un se proposait de vous aider en cuisine... Quoi qu'il en soit, le jeu en vaut la chandelle puisqu'avec cette recette, vous obtiendrez un guacamole beaucoup plus frais et léger – en goût et en texture – que la version traditionnelle. L'étape 1 peut se réaliser 1 ou 2 jours à l'avance. Conservez la préparation au réfrigérateur en attendant.

1. Plongez les fèves 2 minutes dans une petite casserole d'eau bouillante salée, puis égouttez, fixez la couleur sous l'eau froide et égouttez de nouveau. Pelez toutes les fèves, réservez-en 50 g, puis mixez le reste au robot avec l'avocat, le jus de citron, 2 cuillères à soupe d'huile et ¼ de cuillère à café de sel. Arrêtez-vous juste avant que le guacamole ne soit complètement lisse.

2. Dans une petite poêle, mettez les 2 cuillères à soupe d'huile restantes à chauffer sur feu moyen-vif et faites revenir les cébettes et l'écorce de citron pendant 1 minute. Retirez du feu et incorporez les 50 g de fèves réservées et une pincée de sel.

3. Dressez le guacamole en cratère dans une assiette creuse et, juste avant de servir, versez le mélange de fèves, de cébettes et de citron au centre. (L'écorce de citron ne se mange pas, mais vous pouvez la laisser en guise de décoration.)

Purée de haricots blancs au muhammara

Le muhammara est une spécialité de la cuisine levantine à base de poivrons rouges et de noix. Comme cette sauce peut se conserver 3 jours au réfrigérateur, n'hésitez pas à doubler les quantités : elle pourra tout aussi bien garnir vos sandwiches au fromage qu'accompagner vos viandes grillées ou faire office de sauce froide à l'apéritif. Dans cette recette, j'ai laissé la peau des poivrons pour limiter les manipulations, mais ôtez-la si vous n'aimez pas sa texture. Comme la sauce, la purée de haricots blancs se conserve 3 jours au réfrigérateur, mais gardez-la dans un récipient séparé et, le jour J, pensez à la sortir à l'avance pour lui laisser le temps de revenir à température ambiante.

1. Préchauffez le four à 220 °C (chaleur tournante).

2. Dans un cul-de-poule, enrobez les poivrons d'huile d'olive, puis déposez-les sur une grande plaque chemisée avec du papier sulfurisé. Enfournez pour 15 minutes, ajoutez les gousses d'ail, puis poursuivez la cuisson encore 15 minutes. À la sortie du four, la peau des poivrons doit être tendre, légèrement noircie, et les gousses d'ail doivent être joliment dorées.

3. Dans un robot, mixez les poivrons avec l'ail, le thym, le paprika, le piment, le vinaigre, les noix et ½ cuillère à café de sel jusqu'à obtenir une sauce épaisse (avec encore quelques morceaux). Réservez.

4. Pour la purée de haricots, mettez l'huile à chauffer dans une petite casserole sur feu moyen, puis faites infuser la gousse d'ail et les branches de thym pendant 2 à 3 minutes. Jetez l'ail, mais réservez le thym avec 2 cuillères à café d'huile aromatisée. Versez le reste dans le bol d'un robot avec les haricots blancs, 1 cuillère à soupe d'eau et ½ cuillère à café de sel. Mixez jusqu'à obtenir une purée parfaitement lisse, en ajoutant un peu d'eau si besoin. Dressez en cratère dans un grand plat de service ou dans des coupelles, et versez la sauce aux poivrons au centre. Déposez les branches de thym frites sur le dessus et arrosez des 2 cuillères à café d'huile aromatisée réservées.

Pour 6 à 8 personnes

MUHAMMARA

5 poivrons rouges, coupés en quatre, équeutés et épépinés (850 g)

1 cuil. à soupe d'huile d'olive, plus un filet pour le dressage

8 gousses d'ail, pelées

1 cuil. à soupe de thym

¾ de cuil. à café de paprika fumé doux

¼ de cuil. à café de piment en flocons

2 cuil. à café de vinaigre balsamique

60 g de cerneaux de noix, torréfiés au four, puis grossièrement hachés

Sel

PURÉE

100 ml d'huile d'olive

1 gousse d'ail en chemise, délicatement écrasées avec le plat du couteau

3 branches de thym

2 boîtes de 400 g de haricots blancs, égouttés et rincés (470 g)

Photo sur la double-page suivante

Salade de haricots verts aux deux citrons

Les deux premières étapes de cette recette peuvent s'effectuer jusqu'à 6 h à l'avance, mais gardez la troisième pour la dernière minute et, entre temps, conservez votre salade au frais. Si vous n'arrivez pas à mettre la main sur des feuilles de citron kaffir fraîches, ne cherchez pas à les remplacer par des lyophilisées, trop cassantes pour être hachées aussi finement que cette recette l'exige. À défaut, vous pouvez les remplacer par une tige de citronnelle (retirez l'enveloppe ligneuse, puis hachez finement le cœur) ou vous contenter simplement des zestes et du jus de citron vert qui donnent déjà beaucoup de caractère à cette salade.

1. Superposez les feuilles de kaffir, roulez en cigare, puis émincez aussi finement que possible. Récupérez les bandes ainsi obtenues et hachez là encore aussi finement que possible. Versez dans le bol d'un petit robot et mixez avec les zestes de citron vert, la menthe, l'ail, l'huile d'olive, les piments, 20 g de coriandre et ½ cuillère à café de sel jusqu'à obtenir une sauce bien lisse. Réservez.

2. Plongez les haricots verts dans une grande casserole d'eau bouillante salée. Faites blanchir 3 minutes, puis ajoutez les edamames et laissez cuire encore 1 minute. Égouttez le tout, puis stoppez la cuisson sous l'eau froide avant de réserver.

3. Une fois les haricots et les edamames bien égouttés, versez-les dans un plat de service et arrosez-les avec la sauce de l'étape 1 et du jus de citron vert. Mélangez bien, puis parsemez de graines de sésame, de coriandre et servez aussitôt.

Pour 4 personnes en entrée ou en accompagnement

6 belles feuilles de citron kaffir (fraîches ou surgelées), équeutées (5 g)

2 citrons verts : 1,5 cuil. à café de zeste et 2 cuil. à soupe de jus

10 g de menthe

1 gousse d'ail, pelée et écrasée au presse-ail

60 ml d'huile d'olive

2 piments verts, épépinés et émincés

30 g de coriandre, hachée

600 g de haricots verts, équeutés

150 g d'edamames, (ou de petits pois) écossés surgelés

1 cuil. à café de graines de sésame noir

Sel

Légumes cuits

Châtaignes et champignons au zaatar

Pour 6 personnes en accompagnement

650 g de gros champignons de Paris blonds (soit 6 à 8 champignons), coupés en morceaux de 3 cm

200 g de petites échalotes entières, pelées

150 g de châtaignes pelées au feu, coupées en deux

5 g de feuilles de sauge, hachées

60 ml d'huile d'olive, plus 2 cuil. à café pour le dressage

2 gousses d'ail, pelées et écrasées au presse-ail

5 g de feuilles d'estragon, hachées

1 cuil. à soupe de zaatar

2 cuil. à café de jus de citron

Sel et poivre noir

Garniture idéale pour vos repas d'automne ou de fêtes, ce plat peut aussi se servir au brunch avec des œufs brouillés. Ici, j'ai utilisé des champignons de Paris, mais n'hésitez pas à les remplacer par toute autre variété (ou mélange de variétés) de votre choix : tant que vous respectez les proportions, tout ira bien ! De même, si vous n'avez pas d'échalotes sous la main mais uniquement des échalions, ces derniers feront très bien l'affaire ; pensez simplement à les couper en deux, voire en quatre, pour ne pas avoir à modifier le temps de cuisson. Enfin, si vous êtes de ceux qui aiment toujours avoir une longueur d'avance, préparez le mélange champignons/châtaignes/échalotes jusqu'à 4 h en amont mais, dans ce cas, salez et poivrez seulement avant d'enfourner.

1. Préchauffez le four à 220 °C (chaleur tournante).

2. Dans un cul-de-poule, mélangez les six premiers ingrédients avec ¾ de cuillère à café de sel et du poivre à volonté. Étalez le tout sur une grande plaque chemisée de papier sulfurisé et enfournez pour 25 minutes, jusqu'à ce que les champignons et les échalotes soient tendres et bien colorés. Laissez tiédir 5 minutes hors du feu.

3. Versez le contenu de la plaque dans un saladier et assaisonnez avec l'estragon, le zaatar, le jus de citron et 2 cuillères à café d'huile d'olive. Mélangez, puis dressez dans un grand plat de service et servez.

Photo sur la double-page suivante

Choux de Bruxelles au beurre noisette et à l'ail noir

Avec son délicieux goût d'ail et ses arômes rappelant la réglisse et le vinaigre balsamique, l'ail noir est très concentré en parfums, une particularité qui permet de donner instantanément du goût à toutes les préparations auxquelles on l'incorpore. Côté organisation, découpez et préparez tous vos ingrédients à l'avance, mais gardez la cuisson pour le dernier moment : les choux de Bruxelles sont toujours meilleurs à la sortie de la poêle.

1. Préchauffez le four à 220 °C (chaleur tournante).

2. Dans un cul-de-poule, enrobez les choux de Bruxelles d'huile d'olive et de ¼ de cuillère à café de sel, puis déposez-les sur une plaque chemisée avec du papier sulfurisé. Enfournez pour 10 minutes, jusqu'à ce que les choux soient dorés à la surface, cuits à cœur, mais encore légèrement croquants.

3. Pendant ce temps, pilez délicatement les graines de carvi dans un mortier. Ajoutez l'ail noir et le thym, et pilez à nouveau jusqu'à obtenir une sorte de pâte.

4. Réalisez un beurre noisette en laissant votre beurre colorer 3 minutes dans une grande sauteuse sur feu moyen-vif. Ajoutez la pâte à base d'ail noir, de thym et de carvi, les choux, les graines de courge et 1 pincée de sel. Laissez cuire 30 secondes en remuant continuellement, puis retirez du feu. Incorporez le jus de citron et dressez dans un saladier de service ou directement dans les assiettes. Arrosez d'un filet de tahin et servez aussitôt.

Pour 4 personnes en accompagnement
450 g de choux de Bruxelles, parés et coupés en deux dans le sens de la longueur (400 g)
1 cuil. à soupe d'huile d'olive
¾ de cuil. à café de graines de carvi
20 g de gousses d'ail noir (soit une douzaine), grossièrement hachées
2 cuil. à soupe de thym
30 g de beurre doux
30 g de graines de courge, torréfiées
1,5 cuil. à café de jus de citron
1 cuil. à soupe de tahin
Sel

Photo sur la double-page suivante

Carottes nouvelles rôties, harissa et grenade

Pour 4 personnes
en accompagnement

2 cuil. à café de graines de cumin

2 cuil. à café de miel

30 g de harissa à la rose (ajustez la quantité selon la variété choisie ; voir p. 301)

20 g de beurre doux, fondu

1 cuil. à soupe d'huile d'olive

800 g de longues carottes nouvelles (ou de carottes standard, taillées en bâtonnets de 10 x 1,5 cm), pelées, fanes coupées à 1 ou 2 cm de la base

10 g de feuilles de coriandre, hachées

60 g d'arilles de grenade (soit ½ grenade)

2 cuil. à café de jus de citron

Sel

Avec ses couleurs vives et ses saveurs marquées, cette salade peut se servir avec du poulet sous toutes ses formes, de l'agneau confit ou d'autres petits plats de légumes verts ou secs. Ici, les carottes nouvelles sont du plus bel effet, mais vous pouvez également en utiliser des standard. Dans ce cas, pensez à les détailler en longs et fins bâtonnets.

Si vous voulez prendre de l'avance, vous pouvez rôtir les carottes jusqu'à 6 h à l'avance, mais mélangez-les avec les autres éléments au tout dernier moment seulement.

1. Préchauffez le four à 230 °C (chaleur tournante).

2. Dans un saladier, mélangez le cumin, le miel, la harissa, le beurre, l'huile et ¾ de cuillère à café de sel. Ajoutez les carottes, mélangez, puis étalez-les en une couche sur une grande plaque chemisée (utilisez deux plaques si vous manquez de place).

3. Enfournez pour 12 à 14 minutes, jusqu'à ce que les carottes colorent (attention, elles doivent néanmoins rester croquantes). Sortez du four et laissez tiédir.

4. Au moment de servir, mélangez les carottes avec tous les ingrédients restants et servez.

Salade de carottes à la cannelle, sauce au yaourt et aux herbes

Pour 4 personnes

1 kg de longues carottes nouvelles bien fines, brossées mais non pelées, fanes coupées à 3 cm de la base

3 cuil. à soupe d'huile d'olive

1,5 cuil. à soupe de vinaigre de cidre

1 cuil. à café de miel

1 gousse d'ail, pelée et écrasée au presse-ail

1 bonne pincée de cannelle

120 g de yaourt à la grecque

60 g de crème fraîche

5 g d'aneth, haché

10 g de coriandre, hachée

Sel et poivre noir

Dans cette recette, je trouve que les carottes nouvelles apportent une certaines élégance, avec leur belle silhouette fine et tout en longueur. Cependant, si ce n'est plus la saison, vous pouvez très bien les remplacer par des carottes standard, à condition de les tailler en bâtonnets. Haute en couleurs, cette salade égayera tous vos repas : le taboulé de la p. 158 ou l'épaule d'agneau confite de la p. 215, par exemple, seront ravis de partager la vedette avec elle.

Côté réalisation, vous pouvez cuire les carottes et préparer la sauce 6 h à l'avance, voire la veille si vous gardez ensuite le tout au réfrigérateur. Au moment de servir, ramenez simplement vos carottes et leur sauce à température ambiante et mêlez-les au dernier moment.

1. Faites cuire les carottes 8 à 12 minutes (selon l'épaisseur) au cuit-vapeur, pour qu'elles gardent leur croquant à la cuisson.

2. Pendant ce temps, émulsionnez l'huile d'olive avec le vinaigre, le miel, l'ail, la cannelle, ½ cuillère à café de sel et une bonne dose de poivre dans un saladier. Ajoutez les carottes dès leur sortie du cuit-vapeur, mélangez et réservez.

3. Dans un cul-de-poule, mélangez le yaourt avec la crème fraîche et ¼ de cuillère à café de sel. Versez sur les carottes, ajoutez les herbes fraîches et donnez un ou deux coups de cuillères en bois – pas plus ! Soulevez délicatement les carottes avec des couverts à salade pour les transvaser dans un saladier de service et dégustez.

Photo sur la double-page suivante

Légumes cuits

Butternut rôtie aux lentilles et au dolcelatte

J'aime servir ce plat avec la courge et les lentilles encore chaudes pour que le gorgonzola fonde à leur contact mais, si vous préférez, il peut se déguster à température ambiante. Pour ceux qui veulent anticiper, vous pouvez préparer l'intégralité de la recette jusqu'à 6 h à l'avance, mais réservez le dolcelatte et le filet d'huile d'olive final pour la dernière minute.

Si vous démarrez avec des lentilles toutes prêtes, sautez le début de l'étape 3 et versez-les directement dans un saladier avec le citron, l'ail, les herbes, etc.

1. Préchauffez le four à 220 °C (chaleur tournante).

2. Versez les tranches de butternut et les quartiers d'oignons dans un saladier avec les feuilles de sauge, 2 cuillères à soupe d'huile d'olive, ¾ de cuillère à café de sel, une bonne dose de poivre et mélangez. Versez le tout sur une grande plaque chemisée avec du papier sulfurisé, laissez dorer 25 à 30 minutes au four, puis laissez tiédir 10 minutes à température ambiante.

3. Pendant la cuisson de la courge, remplissez une casserole d'eau à mi-hauteur et portez à ébullition sur feu vif. Ajoutez les lentilles, puis passez à feu moyen et laissez cuire 20 minutes. Égouttez bien, laissez tiédir quelques minutes, puis versez dans un saladier. Incorporez les zestes et le jus de citron, l'ail, les herbes, la cuillère à soupe d'huile d'olive restante et ¼ de cuillère à café de sel.

4. Versez les tranches de butternut et les oignons dans les lentilles et mélangez délicatement. Débarrassez dans un saladier de service, parsemez de morceaux de dolcelatte, arrosez d'un filet d'huile d'olive et servez.

Pour 6 personnes en accompagnement

1 grosse courge butternut, avec la peau, en tranches de 1 cm d'épaisseur (950 g)

2 oignons rouges, coupés en quartiers de 3 cm de large (320 g)

10 g de sauge

3 cuil. à soupe d'huile d'olive, plus un filet pour le dressage

100 g de lentilles vertes du Puy crues (ou 235 g de lentilles déjà cuites)

1 gros citron : 1,5 cuil. à café de zeste et 2 cuil. à soupe de jus

1 gousse d'ail, pelée et écrasée au presse-ail

5 g de feuilles de persil, hachées

5 g de feuilles de menthe, hachées

10 g de feuilles d'estragon, hachées

100 g de dolcelatte, en morceaux de 2 cm

Sel et poivre noir

Photo sur la double-page suivante

Légumes cuits

Butternut rôtie avec maïs, feta et graines de courge

Pour 6 personnes
en accompagnement

1 grosse courge butternut, avec la peau, coupée en deux dans le sens de la longueur, évidée puis détaillée en tranches de 8 x 3 cm (1,3 kg)

75 ml d'huile d'olive, plus un filet pour le dressage

2 beaux épis de maïs, débarrassés de leurs feuilles et de leurs stigmates

1 gros piment rouge, épépiné et taillé en brunoise

3 citrons verts : 1 cuil. à café de zeste et 4 cuil. à soupe de jus

10 g de coriandre, hachée

5 g de feuilles de menthe, ciselées

30 g de graines de courge, torréfiées

50 g de feta, émiettée en morceaux de 1 à 2 cm

Sel et poivre noir

Si, comme moi, vous aimez votre maïs grillé bien croquant, démarrez avec des épis frais. À défaut, 300 g de grains surgelés, puis décongelés et grillés à la poêle pourront faire l'affaire, mais la texture sera moins ferme. Tous les éléments – la courge, le mélange maïs/huile/herbes, la feta et les graines – peuvent se préparer la veille à condition d'être conservés chacun dans un contenant séparé et, le moment venu, d'être ramenés à température ambiante avant d'être mélangés et servis. Sachez également que ce plat ne souffrira pas de rester jusqu'à deux bonnes heures à température ambiante.

1. Préchauffez le four à 220 °C (chaleur tournante).

2. Mélangez les tranches de butternut avec 2 cuillères à soupe d'huile, ½ cuillère à café de sel et une bonne dose de poivre. Déposez-les – côté peau vers le bas – sur une grande plaque chemisée avec du papier sulfurisé, en prenant soin de ne pas les serrer. Enfournez pour 25 minutes, jusqu'à ce que la chair soit tendre et légèrement dorée. Sortez du four et réservez.

3. Déposez une poêle gril sur feu vif et aérez votre cuisine en conséquence. Faites griller les épis de maïs pendant environ 8 minutes, en les tournant régulièrement pour qu'ils colorent uniformément. Laissez tiédir quelques instants hors du feu puis, en maintenant votre épi à la verticale sur une planche à découper, tranchez les grains de haut en bas avec un couteau bien aiguisé. Faites de même avec l'autre épi, puis versez les grains dans un cul-de-poule avec le piment, les zestes et le jus de citron vert, les 3 cuillères à soupe d'huile d'olive restantes, ¼ de cuillère à café de sel et les herbes aromatiques. Mélangez et réservez.

4. Dressez les tranches de butternut dans un grand plat de service ou directement dans les assiettes, puis arrosez du mélange maïs/huile/herbes. Parsemez de graines de courge, de morceaux de feta et servez avec un filet d'huile d'olive supplémentaire.

Salade de betteraves rôties au yaourt et au citron confit

Cette salade s'accorde divinement avec les poissons gras : maquereau fumé, filet de truite ou pavé de saumon cuit vapeur, elle les sublimera tous ! Les végétariens pourront l'associer à des lentilles fraîchement cuisinées pour un mariage de saveurs réussi. Pour ceux qui veulent prendre de l'avance, cette salade peut se composer la veille, mais réservez l'aneth, le tahin et le yaourt pour la dernière minute. En attendant, conservez le tout au réfrigérateur.

1. Préchauffez le four à 220 °C (chaleur tournante).

2. Enveloppez chaque betterave de papier d'aluminium, puis déposez-les sur une plaque à four et enfournez pour 30 à 60 minutes en fonction du calibre : en fin de cuisson, une lame de couteau doit pouvoir pénétrer jusqu'au cœur sans rencontrer de résistance. Sortez les betteraves du four et laissez tiédir quelques minutes avant de les peler et de les découper en rondelles de 0,5 cm d'épaisseur. Versez les rondelles dans un grand saladier et réservez.

3. Mettez l'huile d'olive à chauffer dans une petite poêle sur feu moyen et faites griller les graines de cumin environ 3 minutes, jusqu'à ce qu'elles éclatent. Versez l'huile et les graines sur les betteraves, puis ajoutez l'oignon, le citron confit, le jus de citron, 10 g d'aneth, 1 cuillère à café de sel et un tour de moulin à poivre noir. Mélangez, puis dressez dans un grand plat de service.

4. Incorporez le tahin dans le yaourt et déposez quatre ou cinq points de ce mélange sur les betteraves. Donnez un coup de cuillère en bois sans chercher à réellement incorporer le yaourt, parsemez du reste d'aneth et servez.

Pour 4 personnes en accompagnement

1 kg de betteraves avec la peau, brossées
2 cuil. à soupe d'huile d'olive
1,5 cuil. à café de graines de cumin
1 petit oignon rouge, émincé (100 g)
1 petit citron confit, épépiné, chair et peau hachées finement (40 g)
2 cuil. à soupe de jus de citron
15 g d'aneth, ciselé
1 cuil. à soupe de tahin
150 g de yaourt à la grecque
Sel et poivre noir

Céleri-rave rôti entier et ses graines de coriandre

Pour 4 personnes

1 gros céleri-rave, paré et brossé (1,2 kg)

50 ml d'huile d'olive, plus un filet pour le dressage

1,5 cuil. à café de graines de coriandre, légèrement concassées

1 citron, coupés en quartiers, pour le dressage

Fleur de sel

Ici, j'ai réussi l'exploit de prendre une recette de mon Cookbook (l'un de mes précédents livres qui regroupe uniquement des recettes servies dans mon restaurant et donc relativement élaborées), de lui ajouter un élément, et de faire en sorte qu'elle puisse tout de même trouver sa place dans ce recueil de recettes simples ! La recette de base consiste à rôtir le céleri pendant 3 h avec seulement un peu d'huile et de sel ; mais, ici, j'ai ajouté des graines de coriandre pour un goût encore plus franc et parfumé.

Pour ma part, je sers ce céleri en entrée, coupé en quartiers et accompagné d'un filet de jus de citron et d'une cuillère de crème fraîche, mais il peut très bien faire office de garniture, pour un steak ou des côtelettes de porc par exemple.

1. Préchauffez le four à 170 °C (chaleur tournante).

2. Armé d'un petit couteau bien tranchant, piquez le céleri-rave sur toute sa surface (soit une vingtaine de fois environ). Déposez-le sur un plat à four et massez-le avec l'huile, les graines de coriandre et 2 cuillères à café de fleur de sel. Enfournez pour 2 h 30 à 3 h, en l'arrosant toutes les 30 minutes. En fin de cuisson, votre céleri doit être doré en surface et fondant à cœur.

3. Détaillez en quartiers et servez avec un quartier de citron, une pincée de sel et un filet d'huile d'olive.

Légumes cuits

Purée à l'huile d'olive aromatisée

Pour 4 personnes

1 kg de pommes de terre Désirée, épluchées et coupées en morceaux de 3 cm

4 gousses d'ail, pelées

6 branches de thym (5 g)

3 brins de menthe (5 g)

1 citron : 5 longs morceaux d'écorce

100 ml d'huile d'olive

Sel et poivre noir

HUILE AROMATISÉE

1 gousse d'ail, pelée et écrasée au presse-ail

2 cuil. à café de feuilles de thym, ciselées

2 cuil. à café de feuilles de menthe, ciselées (env. 8 feuilles)

1 citron : 1 cuil. à soupe de zeste et 1 cuil. à soupe de jus

60 ml d'huile d'olive

Les purées montées au lait et au beurre sont exquises, certes, mais quand le plat principal est déjà assez riche, j'aime autant celles à base d'huile d'olive. Pour donner du goût et de la personnalité à votre purée, n'hésitez pas à ajouter des aromates dans l'eau de cuisson de vos pommes de terre. Ici, j'ai mis du thym, de la menthe, du citron et de l'ail, mais libre à vous de tenter avec d'autres herbes et épices.

Vous pouvez peler et découper les pommes de terre jusqu'à 6 h à l'avance. Conservez-les ensuite dans l'eau froide et égouttez-les juste avant de démarrer la recette.

1. Versez les pommes de terre, l'ail, l'écorce de citron, les brins de thym, de menthe et 2 cuillères à café de sel dans une grande casserole. Recouvrez d'eau bouillante de manière qu'elle s'élève 2 cm au-dessus des pommes de terre et laissez cuire environ 25 minutes, ou jusqu'à ce que les pommes de terre soient suffisamment cuites pour être écrasées.

2. Pendant ce temps, préparez l'huile aromatisée en mélangeant dans un bol l'ail, les feuilles de thym, de menthe, les zestes et le jus de citron, 1 pincée de sel et quelques tours de moulin à poivre avec 60 ml d'huile d'olive. Réservez.

3. Égouttez les pommes de terre dans une passoire que vous aurez préalablement placée au-dessus d'un saladier (ne jetez pas l'eau de cuisson). Retirez les brins de thym et de menthe, puis remettez les pommes de terre dans la casserole (avec l'ail et l'écorce de citron). Écrasez au presse-purée en ajoutant progressivement 100 ml d'huile d'olive et environ 140 ml d'eau de cuisson pour obtenir une purée parfaitement lisse.

4. Dressez la purée dans un plat de service et, avec le dos d'une cuillère, créez du relief pour retenir l'huile que vous allez verser sur le dessus. Arrosez d'huile aromatisée, donnez quelques tours de moulin à poivre noir et servez.

Photo sur la double-page suivante

Purée de patates douces, sauce aux herbes et au citron vert

Que ce soient des côtelettes grillées, des saucisses au barbecue, du tofu poêlé ou encore du rôti de porc, cette purée se marie avec tout ! Et comme rien ne se perd, je garde généralement la peau des patates pour en faire des chips : badigeonnez-les très légèrement d'huile d'olive, passez-les environ 8 minutes au four à 200 °C (chaleur tournante) et le tour est joué !

1. Préchauffez le four à 200 °C (chaleur tournante).

2. Assaisonnez les patates douces avec 1 cuillère à soupe d'huile et ¼ de cuillère à café de sel. Déposez-les – face coupée vers le bas – sur une plaque chemisée avec du papier sulfurisé et enfournez pour 30 à 35 minutes, jusqu'à ce qu'elles soient fondantes.

3. Pendant que les patates sont au four, préparez la sauce aux herbes. Versez les 3 cuillères à soupe d'huile restantes dans un bol avec tous les autres ingrédients, ainsi qu'une belle pincée de sel, et mélangez.

4. Pelez les patates douces dès que vous pouvez les manipuler sans risquer de vous brûler. Normalement, la peau devrait venir toute seule mais, si besoin, vous pouvez extraire la chair à la cuillère. Écrasez ensuite celle-ci avec 1 pincée de sel et une bonne dose de poivre noir jusqu'à obtenir une purée bien lisse.

5. Dressez la purée dans un plat de service, créez quelques aspérités sur la surface et versez la sauce dans les creux. Servez aussitôt.

Pour 4 personnes

1 kg de patates douces avec la peau, coupées en deux dans le sens de la longueur

60 ml d'huile d'olive

5 g de feuilles de basilic, ciselées

5 g de coriandre, ciselée

½ gousse d'ail, pelée et écrasée au presse-ail

2 citrons verts : 2 cuil. à café de zeste et 1 cuil. à soupe de jus

Sel et poivre noir

Photo sur la double-page suivante

Légumes cuits

Pommes de terre en robe des champs, gorgonzola et épinards

Je trouve que le goût puissant du bleu apporte un vrai plus à cette recette, mais si vous n'êtes pas amateur de fromages persillés, n'hésitez pas à le remplacer par tout autre fromage de votre choix. Servies en plat principal, ces pommes de terre régaleront deux personnes, mais vous pouvez aussi les servir en accompagnement, avec des steaks ou une salade verte, par exemple ; dans ce cas, elles suffiront largement pour quatre. De plus, les noix apportent une texture croquante que je trouve toujours bienvenue mais, là encore, elles restent facultatives.

Si j'avais laissé carte blanche à Esme, ce livre compterait aujourd'hui bien plus que deux recettes de pommes de terre en robe des champs. En guise d'excuses, je dédie donc cette recette à toutes celles que je n'ai pas retenues et remercie encore Esme de m'avoir fait goûter ces deux-là.

Pour 2 personnes en plat principal, ou 4 en accompagnement

2 grosses pommes de terre à chair farineuse (700 g)
3 cuil. à soupe de crème entière liquide
60 g de gorgonzola
25 g de beurre doux
200 g de pousses d'épinard
20 g de cerneaux de noix, torréfiés et réduits en brisures de 1 cm (facultatif)
Sel et poivre noir

1. Préchauffez le four à 220 °C (chaleur tournante).

2. À l'aide d'une fourchette, piquez les pommes de terre à plusieurs reprises, puis déposez-les sur une plaque chemisée avec du papier sulfurisé. Enfournez pour environ 1 h, jusqu'à ce qu'elles soient cuites à cœur. À la sortie du four, coupez les pommes de terre en deux dans le sens de la longueur. Sans abîmer la peau que vous garderez pour la suite de la recette, prélevez la chair en vous aidant d'une cuillère et écrasez-la en purée dans un cul-de-poule avec la crème liquide, le gorgonzola, 20 g de beurre, ½ cuillère à café de sel et quelques tours de moulin à poivre. Réservez.

3. Divisez les 5 g de beurre restants en quatre noisettes que vous déposerez au creux de chaque peau. Salez généreusement et enfournez 8 minutes jusqu'à obtenir des peaux croustillantes. Sortez du four et réservez.

4. Remplissez une casserole d'eau salée à mi-hauteur et portez à ébullition sur feu vif. Blanchissez les épinards pendant 10 à 15 secondes, puis égouttez en pressant les feuilles pour extraire un maximum de liquide. Incorporez les épinards dans la purée, puis garnissez-en généreusement les peaux de pommes de terre. Enfournez pour 15 minutes, jusqu'à ce que la purée soit gratinée en surface. Sortez du four, parsemez de brisures de noix et servez.

Légumes cuits

Pommes de terre en robe des champs, œufs mollets et sauce au thon

---

Pour 4 personnes

4 grosses pommes de terre à chair farineuse (1,4 kg)

1 cuil. à soupe d'huile d'olive, plus un filet pour le dressage

4 œufs de gros calibre, plongés 6 minutes dans l'eau bouillante puis rafraîchis à l'eau froide, et écalés

Fleur de sel

SAUCE AU THON

2 gros jaunes d'œufs

3 cuil. à soupe de jus de citron

120 g de thon à l'huile de bonne qualité, égoutté

2 filets d'anchois à l'huile, rincés et séchés avec du papier absorbant

1 gousse d'ail, pelée et écrasée au presse-ail

25 g de persil, haché

20 g de câpres (hachées si elles sont trop grosses), égouttées

180 ml d'huile d'olive

Cette recette combine deux petites merveilles gustatives : les pommes de terre au four et les œufs mollets. Et pour ceux qui en veulent toujours plus, n'hésitez pas à incorporer une belle cuillère de thon supplémentaire dans votre sauce juste avant de la dresser sur les pommes de terre…
Si besoin est, la sauce peut être préparée la veille, puis être conservée au réfrigérateur jusqu'au moment voulu.

1. Préchauffez le four à 220 °C (chaleur tournante).

2. Déposez les pommes de terre sur une plaque à four, arrosez d'huile d'olive, salez avec ½ cuillère à café de fleur de sel et enfournez de 50 à 55 minutes. Quand la peau est croustillante et le cœur fondant, sortez les pommes de terre et réservez.

3. Pendant que les pommes de terre sont au four, préparez la sauce. Mixez les jaunes d'œufs 1 minute au robot avec le jus de citron, le thon, les anchois, l'ail, 20 g de persil et la moitié de câpres. N'hésitez pas à racler les bords avec une spatule. Laissez ensuite le robot tourner et ajoutez l'huile d'olive en filet jusqu'à obtenir la consistance d'une mayonnaise très fine. Réservez.

4. Au moment de servir, incisez profondément les pommes de terre dans le sens de la longueur, mais sans les couper complètement. Prenez-en une dans le creux de votre main et pincez-la légèrement avec la paume pour aider la chair à se détacher de la peau, puis saupoudrez d'une pincée de fleur de sel. Faites de même sur les trois autres pommes de terre, puis garnissez-les de sauce au thon. Déposez un œuf mollet sur le dessus en ayant pris soin de le couper en deux juste avant pour que le jaune coule sur la sauce. Parsemez du reste de persil et de câpres, arrosez d'un filet d'huile d'olive et servez.

Légumes cuits

Frites au four à la feta et à l'origan

Pour 6 personnes en accompagnement

2 kg de pommes de terre Bintje, taillées en frites de 2 cm d'épaisseur

90 ml d'huile de tournesol

60 ml d'huile d'olive

6 gousses d'ail, émincées en fines lamelles

2 cuil. à café d'origan ou de marjolaine séché(e) (de préférence, grec)

150 g de feta, émiettée

Fleur de sel

Ces frites s'inspirent de celles que j'ai goûtées à Melbourne, dans le restaurant de George Calombaris, Jimmy Grants, quand j'ai été invité à juger une épreuve de la version australienne de MasterChef. Connaissant sa cuisine de réputation, j'attendais beaucoup de cette dégustation, et le moins que l'on puisse dire c'est que je n'ai pas été déçu ! Ces frites peuvent se manger telles quelles, avec un filet de citron, ou accompagner toutes sortes de poisson ou de viande.

Si, par hasard, vous vous trouvez en Grèce (ou si vous habitez à proximité d'une épicerie qui vend des produits méditerranéens), essayez de dénicher de l'origan grec, bien plus puissant en arômes que les autres variétés d'origan.

Si besoin est, la précuisson des pommes de terre peut se faire jusqu'à 6 h à l'avance.

1. Préchauffez le four à 220 °C (chaleur tournante).

2. Remplissez une grande cocotte d'eau salée et portez à ébullition sur feu vif. Plongez les frites pendant 7 à 8 minutes dans l'eau bouillante (elles doivent commencer à s'attendrir sur les côtés, mais rester fermes au centre). Égouttez et laissez sécher 5 minutes à l'air libre, puis débarrassez dans un saladier. Ajoutez l'huile de tournesol, 1 cuillère à soupe de fleur de sel et mélangez.

3. Versez le contenu du saladier sur deux grandes plaques chemisées (pour éviter que les frites ne se chevauchent) et enfournez pour 40 à 50 minutes, en les retournant une ou deux fois en cours de cuisson.

4. Cinq minutes avant que les frites ne soient bien dorées et croustillantes, mettez l'huile d'olive à chauffer avec les gousses d'ail dans une petite casserole sur feu moyen-vif. Laissez colorer 3 à 4 minutes, puis sortez les frites du four, arrosez-les de cette huile aillée et enfournez (avec les gousses d'ail) pour 4 minutes supplémentaires. Dès leur sortie du four, parsemez les frites d'origan et de feta, et servez aussitôt.

Photo sur la double-page suivante

Pommes sautées au romarin et au sumac

Le sumac est une merveilleuse épice qui se présente sous forme de poudre et que je défends avec ardeur depuis un certain temps maintenant. Avec sa belle robe pourpre et son goût légèrement astringent, elle permet d'apporter une touche de peps à de nombreux plats, y compris les plus simples !

1. Mettez l'huile à chauffer dans une grande sauteuse sur feu moyen. Quand elle est bien chaude, ajoutez les pommes de terre, l'ail et ¾ de cuillère à café de sel. Laissez cuire 30 minutes en remuant régulièrement, jusqu'à ce que les pommes de terre soient tendres et bien dorées. Ajoutez le thym, le romarin et poursuivez la cuisson 5 minutes, le temps que les herbes libèrent leurs parfums.

2. Égouttez les pommes de terre avec une écumoire et déposez-les dans un saladier de service. Parsemez de sumac, mélangez et servez.

Pour 4 personnes en accompagnement
150 ml d'huile d'olive
750 g de pommes de terre Charlotte, coupées en quatre dans le sens de la longueur
5 gousses d'ail, pelées
3 branches de thym (5 g)
3 branches de romarin (5 g)
2 cuil. à café de sumac
Sel

Photo sur la double-page suivante

Pommes de terre à la harissa et à l'ail confit au four

Pour 6 à 8 personnes en accompagnement

Les gousses de 2 grosses têtes d'ail, pelées (90 g)

130 g de graisse d'oie ou de canard

4 branches de romarin (10 g)

6 branches de thym (15 g)

2 kg de pommes de terre Bintje, épluchées et coupées en cubes de 5 cm

40 g de semoule fine de blé dur

2 cuil. à café de graines de carvi, torréfiées et légèrement concassées

30 g de harissa à la rose (ajustez la quantité selon la variété choisie ; voir p. 301)

Fleur de sel

Je sais que le terme « confit » suffit parfois à en décourager certains. Il n'y a pourtant pas de quoi se laisser impressionner puisque, dans ce cas précis, il s'agit simplement de faire rôtir l'ail tout doucement jusqu'à ce que les gousses deviennent irrésistiblement fondantes et diffusent leur parfum dans la graisse. L'ail peut être confit 2 jours à l'avance et, une fois dans le cul-de-poule contenant la graisse d'oie, les pommes de terre peuvent patienter 6 h avant d'être enfournées.

1. Préchauffez le four à 150 °C (chaleur tournante).

2. Placez les gousses d'ail, la graisse d'oie et les herbes dans une petite poêle ou casserole pouvant passer au four et pour laquelle vous avez un couvercle. Couvrez et enfournez pour 40 minutes, jusqu'à ce que les gousses d'ail soient fondantes et caramélisées. Sortez du four et filtrez la graisse au-dessus d'un cul-de-poule en Pyrex. Réservez la graisse d'un côté, les gousses d'ail et les herbes de l'autre.

3. Augmentez la température du four à 200 °C (chaleur tournante).

4. Pendant que le four chauffe, portez un grand volume d'eau salée à ébullition sur feu vif. Ajoutez les cubes de pommes de terre et laissez précuire 10 minutes. Égouttez bien, en secouant la passoire pour adoucir les arrêtes des cubes et laissez sécher 10 minutes à l'air libre (toujours dans la passoire).

5. Versez les pommes de terre dans le cul-de-poule contenant la graisse d'oie et ajoutez la semoule, les graines de carvi, la harissa et 2 cuillères à café de fleur de sel. Mélangez bien, puis répartissez le tout sur une grande plaque chemisée avec du papier sulfurisé. Faites dorer au four pendant 45 minutes, en retournant les pommes de terre une ou deux fois en cours de cuisson. Ajoutez l'ail confit et les herbes et poursuivez la cuisson 10 à 15 minutes, jusqu'à ce que les pommes de terre soient croustillantes et bien colorées. Ajoutez une pincée de sel dès la sortie du four (si besoin) et servez.

Frites de patate douce épicées

Ces frites peuvent faire office de garniture ou être servies à l'apéritif, avec une petite coupelle de crème fraîche dans laquelle vos invités pourront venir les tremper. Si vous voulez gagner du temps, vous pouvez préparer les patates douces jusqu'à 6 h à l'avance, mais réservez la cuisson pour le dernier moment.

1. Préchauffez le four à 220 °C (chaleur tournante).

2. Dans un saladier, mélangez les patates douces avec le paprika, le piment, l'ail, la polenta, l'huile et 1 cuillère à café de fleur de sel. Versez le contenu du saladier sur deux grandes plaques chemisées avec du papier sulfurisé et faites dorer au four 25 à 30 minutes, en les remuant une fois ou deux en cours de cuisson.

3. Sortez du four, parsemez de sumac, de 1 cuillère à café de fleur de sel et servez aussitôt.

Pour 6 à 8 personnes en accompagnement

3 patates douces de très gros calibre, épluchées et taillées en frites de 1,5 cm d'épaisseur (1,2 kg)

1 cuil. à soupe de paprika fumé doux

½ cuil. à café de piment de Cayenne

3 gousses d'ail, pelées et écrasées au presse-ail

30 g de polenta

100 ml d'huile d'olive

1 cuil. à soupe de sumac

Fleur de sel

Salade croquante, laitue et robes des champs

Pour 4 à 6 personnes

1,2 kg de grosses pommes de terre à chair farineuse (soit 3 à 4 pommes de terre)

15 g de harissa à la rose (ajustez la quantité selon la variété choisie ; voir p. 301)

2 cuil. à soupe d'huile d'olive

1 petite laitue Iceberg, parée et coupée en quartiers de 3 cm de large (350 g)

5 g d'estragon, haché

Sel

SAUCE AU CITRON

25 g de peau de citron confit, émincée (soit 2 petits citrons confits)

2 cuil. à soupe d'huile d'olive

1 citron : ½ cuil. à café de zeste et 1 cuil. à soupe de jus

1 cuil. à café de graines de cumin, torréfiées et concassées

Le principe ici consiste à lutter contre le gaspillage en préparant un plat avec les restes de pommes de terre (à savoir la peau) d'une précédente recette. En général, on se retrouve dans cette situation soit parce qu'on a préparé une purée et, inévitablement, les épluchures nous sont restées sur les bras, soit parce qu'on a servi des pommes de terre en robe des champs à nos enfants et que, par l'un des grands mystères de la vie, tout a été englouti sauf lesdites robes – qui sont pourtant les meilleurs morceaux ! Quoiqu'il en soit, prenez l'habitude de ne plus les jeter : elles apporteront du goût et du croustillant à n'importe quelle salade verte, le tout en moins de 30 minutes.

Si vous voulez prendre de l'avance, sachez que la sauce pourra se garder 3 jours au réfrigérateur et les peaux de pommes de terre 24 h dans une boîte hermétique à température ambiante.

1. Préchauffez le four à 220 °C (chaleur tournante).

2. Déposez les pommes de terre sur une petite plaque à four et enfournez pour 50 à 55 minutes, jusqu'à ce qu'elles soient cuites à cœur. Sortez-les du four et, dès que vous pouvez les manipuler sans vous brûler, coupez-les en deux dans le sens de la longueur et évidez-les, mais sans chercher à racler la peau (c'est meilleur quand il reste un peu de chair !). Réservez la chair pour une autre recette.

3. Détaillez les peaux en morceaux de 5 à 6 cm que vous verserez dans un cul-de-poule avec la harissa, l'huile d'olive et ¼ de cuillère à café de sel. Mélangez, puis étalez sur une grille placée sur une grande plaque à four. Faites dorer les peaux 12 minutes au four en les retournant à mi-cuisson. Laissez tiédir hors du feu pour accentuer le croustillant, puis versez dans un saladier avec les quartiers de laitue et l'estragon.

4. Dans un bol, émulsionnez tous les ingrédients prévus pour la sauce avec ¼ de cuillère à café de sel et versez sur la salade. Mélangez et servez.

Pommes de terre nouvelles et petits pois à la coriandre

Cette garniture se marie à merveille avec l'agneau ou tout autre produit printanier. Si c'est la saison, n'hésitez pas à ajouter des feuilles d'oseille grossièrement hachées pour apporter une touche de peps supplémentaire. Dans le même esprit, quelques anchois hachés fonctionnent bien aussi.

Ce plat peut se préparer quelques heures en amont et se réchauffer juste avant de servir.

1. Remplissez une petite casserole d'eau et portez à ébullition sur feu vif. Blanchissez les petits pois pendant 1 minute, puis égouttez. Isolez-en $1/3$ et versez le reste dans le bol d'un robot avec les piments, le citron confit, la coriandre, l'huile d'olive, les zestes de citron, $1/3$ de cuillère à café de sel et une bonne dose de poivre. Mixez en purée, puis réservez.

2. Portez un grand volume d'eau salée à ébullition sur feu vif, puis plongez-y les pommes de terre et laissez cuire environ 15 minutes. Égouttez et débarrassez dans un saladier. Écrasez grossièrement les pommes de terre en essayant d'en laisser au moins $1/3$ entières. Ajoutez les petits pois – mixés et entiers –, ainsi que le jus de citron et les feuilles de coriandre. Mélangez délicatement et servez chaud.

Pour 4 personnes en accompagnement

300 g de petits pois, frais ou surgelés

2 piments verts, taillés en brunoise

1 petit citron confit, épépiné (20 g)

15 g de coriandre, hachée, plus **5 g de feuilles** pour le dressage

60 ml d'huile d'olive

1 petit citron : le zeste d'une moitié et 1 cuil. à café de jus

750 g de pommes de terre nouvelles, coupées en deux pour les plus grosses

Sel et poivre noir

Photo sur la double-page suivante

Pizza blanche aux pommes de terre, anchois et sauge

En plus d'être très simples à faire soi-même, les pizzas ont l'avantage d'être ludiques ; soit la combinaison parfaite quand on a des enfants et qu'on veut les inciter à participer à la préparation des repas ! La pâte peut se préparer 3 jours à l'avance et se conserver au réfrigérateur. Les pommes de terre et la base mascarpone/anchois supporteront quant à elles de patienter 24 h au frais. Ici, j'ai choisi une garniture blanche à base de mascarpone et de pommes de terre.

Pour 2 pizzas (soit pour 2 personnes en plat principal avec de la salade, soit pour 4 personnes en guise de collation)

PÂTE
- **200 g de farine italienne 00 ou autre farine de force**, plus une poignée pour le plan de travail
- **1 cuil. à café de levure de boulanger sèche instantanée**
- **1 cuil. à soupe d'huile d'olive**, plus un filet pour graisser les plaques
- **120 ml d'eau tiède**

GARNITURE
- **180 g de pommes de terre nouvelles** avec la peau, tranchées très finement à la mandoline
- **3 cuil. à soupe d'huile d'olive**
- **200 g de mascarpone**
- **40 g de pecorino romano**, râpé finement
- **4 filets d'anchois**, égouttés et hachés finement
- **8 feuilles de sauge**, ciselées
- **2 citrons** : 2 cuil. à café de zeste
- **50 g de cébettes**, taillées en sifflet
- **Sel et poivre noir**

Légumes cuits

1. Dans un saladier, mélangez la farine avec la levure, l'huile et ½ cuillère à café de sel en prenant garde de ne pas le verser directement sur la levure. Ajoutez l'eau et travaillez l'appareil à la spatule jusqu'à ce qu'une pâte se forme. Débarrassez sur un plan de travail légèrement huilé et pétrissez pendant 5 minutes (après vous être également huilé les mains) jusqu'à obtenir une pâte souple et élastique. Si elle vous semble trop collante, ajoutez un peu d'huile. Divisez la pâte en deux et déposez les pâtons sur une grande plaque chemisée, en les espaçant bien. Recouvrez d'un linge humide et laissez pousser 60 à 90 minutes dans un endroit chaud, jusqu'à ce qu'ils aient doublé de volume.

2. Préchauffez le four à 230 °C (chaleur tournante) ou plus si votre four le permet.

3. Préparez la garniture. Dans un cul-de-poule, enrobez les tranches de pommes de terre de 1 cuillère à soupe d'huile, $1/8^e$ de cuillère à café de sel et quelques tours de moulin à poivre. Déposez-les ensuite sur une grande plaque chemisée, bien à plat et espacées. Faites dorer 7 minutes au four, puis réservez.

4. Dans un bol, mélangez le mascarpone avec le pecorino, les anchois, la sauge, le zeste de citron, quelques tours de moulin à poivre et réservez.

5. Badigeonnez ensuite deux grandes plaques à four d'huile d'olive et farinez légèrement votre plan de travail. Abaissez l'un des pâtons en un rectangle de 30 x 20 cm, puis déposez-le délicatement sur l'une des plaques. Répétez l'opération avec le deuxième pâton et répartissez la base mascarpone/anchois sur les deux pâtes, en laissant 2 cm de pâte vierge sur tout le tour. Parsemez de cébettes, puis recouvrez de tranches de pommes de terre. Arrosez chaque pizza de 1 cuillère à soupe d'huile d'olive et enfournez pour 9 minutes, jusqu'à ce que la pâte soit bien dorée et croustillante sur les bords. Servez chaud avec un dernier tour de moulin à poivre.

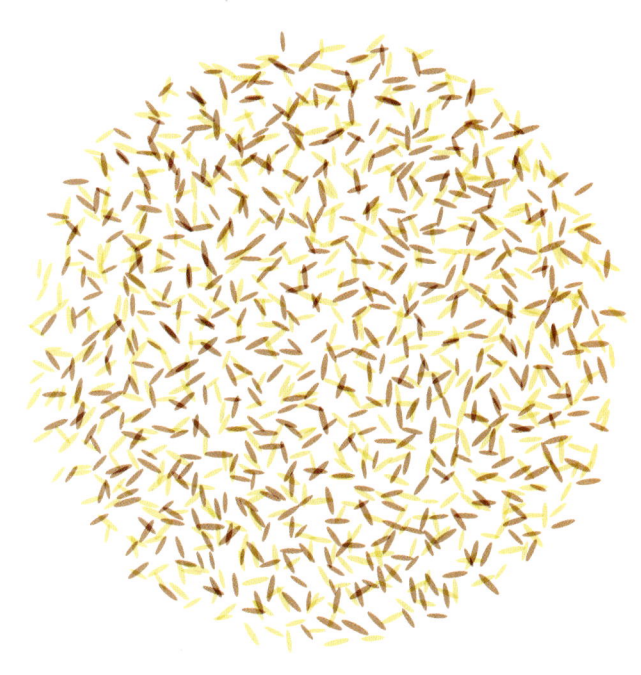

Riz, céréales et légumes secs

Salade de haricots verts au sarrasin

Bien qu'elle puisse se déguster seule, cette salade fait aussi des merveilles avec des pavés de saumon poêlés. Simple et rapide, elle nécessite moins d'une demi-heure de préparation si on lance toutes les cuissons en même temps, ce qui ne vous empêche pas de la préparer à l'avance. Tous les éléments peuvent en effet se préparer la veille, à condition de les conserver ensuite au réfrigérateur dans des contenants séparés. Au moment de servir, vous n'aurez plus qu'à assembler les différents éléments !

1. Préchauffez le four à 200 °C (chaleur tournante).

2. Dans un cul-de-poule, enrobez les oignons dans 1 cuillère à soupe d'huile d'olive et ⅛ᵉ de cuillère à café de sel. Étalez sur une grande plaque chemisée et laissez dorer au four 18 à 20 minutes. Une fois les oignons cuits à cœur, sortez-les du four et réservez.

3. Remplissez d'eau une casserole de taille moyenne, salez légèrement et portez à ébullition. Versez le sarrasin, laissez cuire 8 minutes, puis ajoutez les haricots verts et poursuivez la cuisson jusqu'à ce que les légumes et les céréales soient *al dente* (env. 5 mn.). Égouttez, stoppez la cuisson sous l'eau froide, puis laissez s'égoutter jusqu'à ce qu'il n'y ait plus d'eau résiduelle.

4. Pour la sauce, mélangez tous les ingrédients dans un bol avec ⅛ᵉ de cuillère à café de sel et réservez.

5. Au moment de servir, mélangez les oignons, le sarrasin, les haricots, la menthe et l'estragon avec la cuillère à soupe d'huile restante et ½ cuillère à café de sel. Transvasez le tout dans votre plat de service et servez avec la sauce à part (ou incorporez la sauce dans la salade avant de transvaser dans le plat de service). Saupoudrez de piment et dégustez !

Pour 4 personnes

2 oignons rouges, pelés et coupés en quartiers de 2 cm de large (300 g)

2 cuil. à soupe d'huile d'olive

90 g de sarrasin

350 g de haricots verts, équeutés et coupés en deux

5 g de feuilles de menthe, hachées

5 g de feuilles d'estragon, hachées

1 cuil. à café de piment Urfa Biber en flocons (ou ½ cuil. à café si autre variété), pour le dressage

Sel

POUR LA SAUCE

100 g de yaourt à la grecque

1 petite gousse d'ail, écrasée au presse-ail

1 cuil. à soupe d'huile d'olive

2 cuil. à café de jus de citron

¼ de cuil. à café de menthe séchée

Riz, céréales et légumes secs

Taboulé à ma façon

Pour 4 personnes
**250 g de semoule
de blé dur**
90 ml d'huile d'olive
**2 cuil. à café
de ras el-hanout**
400 ml d'eau bouillante
300 g de tomates cerise
2 oignons, émincés
(300 g)
30 g de raisins secs
(bruns ou blonds)
**1 cuil. à café de graines
de cumin**, torréfiées et
légèrement concassées
**50 g d'amandes grillées
et salées**, hachées
**15 g de feuilles
de coriandre**, hachées
**15 g de feuilles
de menthe**, déchirées
1 citron : 1 cuil.
à café de zeste et
1 cuil. à soupe de jus
Sel et poivre noir

Compagnon idéal de tous vos barbecues, ce taboulé se marie divinement avec les légumes et viandes grillés. N'hésitez pas à préparer la semoule et le mélange oignons/raisins la veille. Conservez-les ensuite séparément au réfrigérateur et ramenez-les à température ambiante avant de servir.

1. Versez la semoule dans un cul-de-poule et ajoutez 2 cuillères à soupe d'huile d'olive, 1 cuillère à café de ras el-hanout, ¾ de cuillère à café de sel et poivrez à volonté. Recouvrez d'eau bouillante (400 ml), mélangez, puis fermez le saladier hermétiquement avec une feuille de papier d'aluminium et laissez gonfler 20 minutes. Retirez le papier d'aluminium, égrenez la semoule à la fourchette et laissez tiédir.

2. Dans une grande poêle, faites chauffer 1 cuillère à soupe d'huile d'olive à feu vif. Saisissez les tomates 3 à 4 minutes, en mélangeant de temps en temps, jusqu'à ce qu'elles colorent et se fendent. Débarrassez, saupoudrez d'une pincée de sel et réservez dans leur jus.

3. Essuyez rapidement la poêle avec un morceau de sopalin, puis faites chauffer les 3 cuillères à soupe d'huile d'olive restantes à feu moyen-vif. Faites revenir les oignons 10 à 12 minutes avec le restant de ras el-hanout et $1/8^e$ de cuillère à café de sel, en remuant continuellement. Quand les oignons sont bien dorés et fondants, retirez du feu, incorporez les raisins et laissez tiédir.

4. Une fois la semoule de blé dur à température ambiante, transvasez-la dans un saladier, ainsi que les oignons aux raisins, et mélangez. Ajoutez les graines de cumin, les amandes, la coriandre, la menthe, le zeste et le jus de citron, ¼ de cuillère à café de sel et plusieurs tours de moulin à poivre. Mélangez délicatement.

5. Dressez le taboulé dans un plat de service et déposez les tomates sur le dessus avant de servir.

Photo sur la double-page suivante

Ragoût de lentilles aux aubergines

Rien ne me fait plus plaisir en cuisine que de travailler des produits du quotidien et de les découvrir sous un nouveau jour. C'est ce qui s'est passé avec ce plat, ainsi qu'avec celui de la p. 166. Bien qu'ils soient élaborés à partir des mêmes ingrédients principaux, ils n'ont rien à voir, si ce n'est qu'ils sont délicieux. L'aubergine a en effet la particularité de pouvoir se travailler de multiples façons et de donner des résultats très différents.

Ce ragoût supporte 3 jours de réfrigérateur. Réchauffez-le simplement au moment de servir, ajoutez une cuillère de crème fraîche, un filet d'huile, quelques flocons de piment, des feuilles d'origan et c'est prêt !

1. Faites chauffer 2 cuillères à soupe d'huile d'olive dans une grande sauteuse à feu moyen-vif. Faites revenir l'ail, l'oignon, le thym et ¼ de cuillère à café de sel pendant 8 minutes en remuant régulièrement, jusqu'à ce que les oignons soient tendres et dorés. Débarrassez dans un cul-de-poule, en laissant l'excédent d'huile dans la sauteuse. Réservez.

2. Versez les aubergines et les tomates dans un saladier et assaisonnez avec ¼ de cuillère à café de sel et quelques tours de moulin à poivre. Dans la même sauteuse (non essuyée entre temps) que celle utilisée pour les oignons, faites chauffer la cuillère à soupe d'huile restante à feu moyen-vif. Saisissez les aubergines et les tomates et laissez dorer env. 10 minutes, en les retournant régulièrement : en fin de cuisson, les aubergines doivent être fondantes et colorées, et la peau des tomates légèrement grillée. Ajoutez le mélange ail/oignon, puis les lentilles, et mouillez avec le bouillon, le vin et l'eau. Ajoutez ¾ de cuillère à café de sel et, à la reprise de l'ébullition, baissez le feu (moyen) et laissez mijoter env. 40 minutes, jusqu'à ce que les lentilles soient *al dente*.

3. Servez chaud ou à température ambiante, avec une cuillère de crème fraîche, un filet d'huile d'olive, les flocons de piment et les feuilles d'origan.

Pour 4 personnes en entrée ou en accompagnement, ou pour 2 en plat principal

3 cuil. à soupe d'huile d'olive, plus un filet pour le dressage

3 gousses d'ail, émincées

1 gros oignon rouge, ciselé (160 g)

½ cuil. à soupe de thym

2 petites aubergines, coupées en rectangle d'env. 5 x 2 cm (420 g)

200 g de tomates cerise

180 g de lentilles vertes du Puy

500 ml de bouillon de légumes

80 ml de vin blanc sec

100 g de crème fraîche

1 cuil. à café de piment Urfa Biber en flocons (ou ½ cuil. à café si autre variété)

2 cuil. à café d'origan

Sel et poivre noir

Photo sur la double-page suivante

Boulgour à la tomate, aux aubergines et au yaourt citronné

Pour 4 personnes en plat principal, ou pour 8 en accompagnement

2 aubergines, détaillées en cubes de 3 cm (500 g)

105 ml d'huile d'olive

2 oignons, émincés (320 g)

3 gousses d'ail, hachées

1 cuil. à café de quatre-épices en poudre

400 g de tomates cerise

1 cuil. à soupe de double concentré de tomate

250 g de boulgour

200 g de yaourt à la grecque

1 petit citron confit, épépiné, chair et peau hachées finement (25 g)

10 g de feuilles de menthe, ciselées

Sel et poivre noir

Si vous servez ce plat en accompagnement, les aubergines et le yaourt citronné ne sont pas indispensables – vous pouvez vous limiter au boulgour et aux tomates. Pour un plat végétarien complet en revanche, mieux vaut les ajouter. Vous pouvez cuisiner tous les éléments la veille et les conserver séparément au réfrigérateur jusqu'au moment de servir. Réchauffez le tout et dégustez !

1. Préchauffez le four à 200 °C (chaleur tournante).

2. Dans un cul-de-poule, enrobez les aubergines dans 4 cuillères à soupe d'huile d'olive, ½ cuillère à café de sel et quelques tours de moulin à poivre. Étalez sur une grande plaque chemisée et enfournez pour 35 à 40 minutes, en retournant les aubergines à mi-cuisson. Quand elles sont bien fondantes et dorées, sortez-les du four et réservez.

3. Faites chauffer l'huile d'olive restante dans une grande sauteuse (avec un couvercle) à feu moyen-vif. Faites revenir les oignons 8 minutes, en mélangeant de temps en temps, jusqu'à ce qu'ils soient tendres et colorés. Ajoutez l'ail, le quatre-épices et laissez cuire encore 1 minute sans cesser de remuer. Quand l'ail exhale son parfum et commence à dorer, ajoutez les tomates cerise, puis écrasez-les au presse-purée. Incorporez le double concentré de tomate, 400 ml d'eau et 1 cuillère à café de sel. Portez le tout à ébullition, puis baissez le feu (moyen-doux) et laissez mijoter 12 minutes à couvert. Versez le boulgour dans la sauteuse, mélangez, puis retirez du feu et laissez gonfler 20 minutes à couvert.

4. Dans un bol, mélangez le yaourt avec le citron confit, la moitié de la menthe et $\frac{1}{8}^{e}$ de cuillère à café de sel.

5. Répartissez le boulgour dans quatre assiettes, dressez une belle cuillère de yaourt sur le dessus, ajoutez les aubergines et parsemez du reste de menthe.

Riz, céréales et légumes secs

Boulgour aux champignons et à la feta

Ce plat fonctionne aussi bien en accompagnement qu'en plat principal, avec une poêlée de légumes-feuilles. Pour un résultat optimal, essayez de panacher au maximum vos champignons. Un grand merci à Limor Laniado Tiroche, critique gastronomique pour le Haaretz, qui m'a inspiré cette recette.

Pour 4 personnes en accompagnement, ou pour 2 en plat principal

150 g de boulgour

250 ml d'eau bouillante

65 ml d'huile d'olive

1 gros oignon, émincé (170 g)

1 cuil. à café de graines de cumin

500 g de champignons (d'autant de variétés différentes que possible), coupés en lamelles de 4 à 5 mm d'épaisseur (ou grossièrement hachés, selon la variété)

2 cuil. à soupe de thym

2 cuil. à soupe de vinaigre balsamique

10 g d'aneth, haché, plus quelques grammes pour le dressage

60 g de feta, émiettée en morceaux de 1 à 2 cm

1 cuil. à café de piment Urfa Biber en flocons (ou ½ cuil. à café si autre variété)

Sel et poivre noir

Riz, céréales et légumes secs

1. Rincez le boulgour et versez-le dans un saladier. Assaisonnez avec ¼ de cuillère à café de sel et quelques tours de moulin à poivre, puis recouvrez d'eau bouillante. Filmez le saladier et laissez gonfler 20 minutes. Égouttez si besoin, puis réservez.

2. Pendant que le boulgour gonfle, faites chauffer 2 cuillères à soupe d'huile d'olive dans une grande sauteuse à feu moyen-vif. Faites revenir l'oignon 7 à 8 minutes, puis ajoutez ½ cuillère à café de graines de cumin et laissez dorer encore 1 à 2 minutes. Débarrassez et réservez.

3. Dans la même sauteuse, faites chauffer 2 nouvelles cuillères à soupe d'huile d'olive à feu vif. Faites sauter les champignons 6 à 7 minutes avec ½ cuillère à café de sel, en remuant régulièrement, jusqu'à ce qu'ils soient tendres et dorés. Ajoutez les graines de cumin restantes, les feuilles de thym et poursuivez la cuisson encore 1 minute, sans cesser de remuer. Déglacez au vinaigre balsamique et laissez réduire 30 secondes avant d'incorporer le boulgour, l'oignon, l'aneth, la feta et le piment. Laissez sur le feu le temps que tous les ingrédients se réchauffent, puis retirez du feu.

4. Versez le boulgour et les champignons dans un grand plat de service ou répartissez-les dans deux assiettes. Parsemez d'aneth, arrosez avec le restant d'huile d'olive et servez.

165

Riz, céréales et légumes secs

Lentilles du Puy au caviar d'aubergine, tomates et yaourt

Par souci de praticité, j'ai choisi ici de confire les aubergines au four mais, pour plus de saveurs, vous pouvez les cuire directement sur une flamme. Pour ce faire, tapissez votre gazinière de papier d'aluminium (en découpant des trous pour les brûleurs) et déposez vos aubergines directement sur la grille. Laissez-les cuire ainsi et, à l'aide d'une pince, retournez-les régulièrement pour garantir une cuisson uniforme. Cette technique non conventionnelle fait peut-être un peu « camping », mais elle a le mérite de ne prendre que 15 à 20 minutes au lieu d'une heure et de conférer un goût de fumé plus puissant que la cuisson au four.

Ce plat peut être préparé 3 jours à l'avance, mais conservez-le bien au réfrigérateur. Le yaourt, l'origan et le filet d'huile ne seront ajoutés qu'au moment de servir.

Pour 4 personnes en entrée ou en accompagnement, ou pour 2 en plat principal

4 aubergines, piquées au couteau sur toute la surface (1,1 kg)
300 g de tomates cerise
160 g de lentilles vertes du Puy (ou 350 g de lentilles en boîte, égouttées, si vous manquez de temps)
2 cuil. à soupe d'huile d'olive, plus un filet pour le dressage
1,5 cuil. à soupe de jus de citron
1 petite gousse d'ail, écrasée au presse-ail
3 cuil. à soupe d'origan
100 g de yaourt à la grecque
Sel et poivre noir

Riz, céréales et légumes secs

1. Préchauffez le four à 230 °C (chaleur tournante) ou plus si possible.

2. Déposez les aubergines sur une plaque et laissez-les confire 1 heure au four en les retournant à mi-cuisson. À la sortie du four, patientez quelques minutes avant de manipuler les aubergines, puis grattez la chair (vous pouvez jeter la peau). Laissez s'égoutter 30 minutes dans une passoire au-dessus de l'évier ou d'un saladier.

3. Étalez les tomates cerise sur la même plaque que celle utilisée pour les aubergines et enfournez pour 12 minutes, jusqu'à ce que la peau des tomates éclate et commence à noircir. Sortez la plaque du four et réservez.

4. Pendant que les tomates sont au four, remplissez une casserole d'eau et portez à ébullition sur feu vif. Plongez les lentilles sèches dans l'eau bouillante, baissez le feu (moyen) et faites cuire 20 minutes jusqu'à ce qu'elles soient *al dente*. Versez les lentilles dans une passoire, laissez s'égoutter au maximum, puis transvasez dans un saladier. (Si vous avez opté pour des lentilles en boîte, versez-les directement dans le saladier.) Ajoutez ensuite le caviar d'aubergine, les tomates, l'huile d'olive, le jus de citron, l'ail, 2 cuillères à soupe d'origan, ¾ de cuillère à café de sel et quelques tours de moulin à poivre. Mélangez, puis dressez dans un plat de service (creux). Ajoutez le yaourt sur le dessus en créant quelques volutes, saupoudrez du reste d'origan, arrosez d'un filet d'huile d'olive et servez.

Riz pilaf aux oignons et à l'ail noir

Pour 4 personnes
en accompagnement

65 ml d'huile de tournesol

2 gros oignons, pelés et coupés en quartiers de 2 cm de large (500 g)

1 citron : l'écorce entière et 2 cuil. à soupe de jus

200 g de riz complet, rincé

10 gousses d'ail noir, émincées

150 g de yaourt à la grecque

10 g de feuilles de persil, hachées

Sel

Ce plat à base de riz se marie admirablement avec la viande d'agneau ou de porc, mais il est si gourmand qu'il peut aussi se déguster tel quel, avec une simple assiette de crudités ou de légumes vapeur. C'est aussi un excellent moyen de découvrir l'ail noir, si vous n'avez pas encore eu l'occasion de le goûter ou de l'utiliser en cuisine. Sa saveur balsamique et ses notes de réglisse apporteront puissance et profondeur de goût à toutes vos préparations et, avec leur texture incroyablement fondante, les gousses s'émincent ou se mixent sans effort. En ce qui concerne les oignons, n'ayez pas peur de pousser la coloration : plus ils dorent, plus ils deviennent doux. Sachez par ailleurs que vous pouvez les préparer la veille mais, dans ce cas, conservez-les au réfrigérateur.

1. Faites chauffer 50 ml d'huile dans une grande sauteuse pour laquelle vous avez un couvercle sur feu moyen-vif. Ajoutez les oignons, ¼ de cuillère à café de sel et faites revenir 12 minutes, en remuant de temps en temps pour éviter qu'ils n'accrochent. Ajoutez l'écorce de citron et poursuivez la cuisson 12 minutes, toujours en remuant régulièrement, jusqu'à ce que les oignons aient pris une belle couleur brune. Débarrassez dans une assiette et réservez.

2. Versez la cuillère à soupe d'huile restante dans la sauteuse, puis ajoutez le riz et ½ cuillère à café de sel. Laissez frire 1 minute sans cesser de remuer, puis mouillez avec 500 ml d'eau. Portez à ébullition, puis baissez le feu (moyen-doux) et laissez mijoter à couvert env. 45 minutes, jusqu'à ce que le riz soit entièrement cuit. Retirez du feu et incorporez les oignons, le jus de citron et l'ail noir. Servez aussitôt, surmonté d'une belle cuillère de yaourt et de persil haché, ou avec le yaourt à part, si vous préférez.

Riz au four parfumé à la menthe, grenade et olives vertes

Si faire cuire du riz semble a priori à la portée de tous, réussir la cuisson parfaite est plus difficile qu'il n'y paraît. Opter, comme ici, pour une cuisson au four, c'est choisir une méthode inratable (qui a d'ailleurs fait ses preuves en 2017, quand j'ai dû cuisiner pour 700 personnes lors d'un banquet au Wilderness Festival !). De plus, cet accompagnement a l'avantage de fonctionner avec de nombreux plats : légumes-racines rôtis, porc basse température, agneau confit, etc.

Pour gagner du temps, vous pouvez préparer la sauce quelques heures à l'avance et la conserver au réfrigérateur.

1. Préchauffez le four à 230 °C (chaleur tournante) ou plus si votre four le permet.

2. Versez le riz dans un plat à gratin à bords hauts de 20 x 30 cm. Assaisonnez avec ¾ de cuillère à café de sel et du poivre à volonté, arrosez de beurre fondu, puis mouillez avec l'eau bouillante. Déposez les brins de menthe sur le dessus, puis couvrez le plat hermétiquement avec du papier d'aluminium. Enfournez pour 25 minutes ; en fin de cuisson, le riz doit avoir absorbé tout le liquide et s'égrener facilement.

3. Pendant que le riz cuit, versez tous les ingrédients prévus pour la garniture – sauf les 10 g de menthe ciselée – dans un cul-de-poule, ajoutez ¼ de cuillère à café de sel, mélangez et réservez.

4. Sortez le riz du four et retirez le papier d'aluminium. Prélevez les feuilles sur les brins de menthe (jetez les tiges) et déposez-les sur le riz, puis parsemez de feta. Juste avant de servir, incorporez les 10 g de menthe ciselée dans la garniture et versez sur le riz de manière homogène. Servez chaud.

Pour 6 personnes

400 g de riz basmati

50 g de beurre doux, fondu

800 ml d'eau bouillante

50 g de menthe (40 g de brins et 10 g de feuilles ciselées pour la sauce)

150 g de feta, émiettée en morceaux de 1 à 2 cm

Sel et poivre noir

POUR LA GARNITURE

40 g d'olives vertes dénoyautées, émincées

Les arilles de 1 petite grenade (90 g)

50 g de cerneaux de noix, torréfiés au four, puis hachés

3 cuil. à soupe d'huile d'olive

1 cuil. à soupe de mélasse de grenade

1 petite gousse d'ail, écrasée au presse-ail

Riz gluant et julienne croustillante comme en Asie

Servi avec un plat à base de viande ou de poisson, le riz gluant est déjà un délice en soi, mais si, comme ici, vous lui ajoutez une garniture croustillante, vos papilles seront ravies ! Pour ma part, j'adore faire cette recette avec un bar rôti au soja et au gingembre (voir p. 260) ou du tofu frit pour un repas aux influences asiatiques. Côté organisation, taillez tous vos légumes en amont de manière à tout avoir sous la main quand vous démarrez la cuisson. Ce n'est pas quand le wok sera fumant qu'il faudra se lancer dans les juliennes !

Pour 6 personnes en accompagnement

- **400 g de riz gluant**
- **1,5 cuil. à soupe d'huile d'arachide**
- **40 g de gingembre** (env. 5 cm), pelé et taillé en julienne
- **3 gousses d'ail**, émincées
- **2 piments rouges**, taillés en julienne
- **30 g de coriandre**, coupée en tronçons de 3 cm
- **25 g de cacahuètes grillées et salées**, grossièrement hachées
- **1 cuil. à soupe de graines de sésame**
- **1 citron vert**, coupé en 6 quartiers, pour le dressage
- **Sel**

1. Versez le riz dans une casserole de taille moyenne pour laquelle vous avez un couvercle, avec ½ cuillère à café de sel et 600 ml d'eau. Portez à ébullition, puis baissez le feu (moyen-doux) et laissez mijoter 15 minutes à couvert. Retirez du feu et laissez reposer 5 minutes (toujours à couvert).

2. Pendant que le riz cuit, faites chauffer l'huile dans une poêle ou un wok sur feu moyen-vif. Ajoutez le gingembre, l'ail et les piments et faites revenir 3 à 4 minutes en remuant régulièrement, jusqu'à obtenir un début de coloration. Ajoutez la coriandre, les cacahuètes, les graines de sésame, une belle pincée de sel et laissez dorer encore 1 à 2 minutes. Dressez sur le riz et servez avec des quartiers de citron vert.

Riz au four aux tomates confites et à l'ail

*Pour 6 personnes
en accompagnement,
ou pour 4 en plat principal*
800 g de tomates cerise
12 grosses gousses d'ail
   (ou 25 moyennes),
   pelées (85 g)
4 échalions, pelés
   et coupés en tronçons
   de 3 cm (220 g)
25 g de coriandre,
   coupée en tronçons
   de 4 cm, plus **10 g**
   de feuilles, hachées,
   pour le dressage
3 cuil. à soupe de thym
   (10 g)
4 petits bâtons
   de cannelle
100 ml d'huile d'olive
300 g de riz basmati
600 ml d'eau bouillante
Sel et poivre noir

Pendant quelques mois, j'ai fait de ce plat une véritable marotte : accompagnement parfait pour quasiment toutes les viandes et poissons, il est si riche en saveurs qu'on peut même le servir seul, en plat principal. Certes, il y a pas mal de gousses d'ail à peler – ce qui ne s'inscrit peut-être pas tout à fait dans la philosophie « SIMPLE », je vous l'accorde – mais une fois cette tâche accomplie, il n'y a plus rien à faire, puisque le riz cuit au four et non à la casserole ! Pour ceux qui ont habituellement du mal à réussir le riz créole, cette méthode de cuisson est une révélation ! Le secret réside dans l'étanchéité du « couvercle » en papier d'aluminium : s'il est bien hermétique, la vapeur ne pourra pas s'échapper et la cuisson sera impeccable.

1. Préchauffez le four à 160 °C (chaleur tournante).

2. Répartissez les tomates, l'ail, les échalions, la coriandre, le thym et la cannelle dans un grand plat à gratin à bords hauts de 20 x 30 cm. Arrosez d'huile d'olive et assaisonnez avec ½ cuillère à café de sel et quelques tours de moulin à poivre noir. Enfournez pour 1 h, jusqu'à ce que les légumes soient tendres. Sortez le plat du four, versez une couche régulière de riz sur les légumes (sans mélanger) et réservez.

3. Augmentez la température du four à 220 °C (chaleur tournante).

4. Assaisonnez le riz avec ½ cuillère à café de sel et quelques tours de moulin à poivre, puis mouillez délicatement avec l'eau bouillante. Couvrez hermétiquement le plat avec une feuille de papier d'aluminium et enfournez pour 25 minutes, jusqu'à ce que le riz ait absorbé tout le liquide. Sortez du four et laissez reposer 10 minutes sans toucher le couvercle. Retirez le papier d'aluminium, parsemez de feuilles de coriandre, mélangez délicatement et servez.

Nouilles et pâtes

Nouilles et pâtes

Nouilles de riz froides au concombre et au pavot

Pour 6 à 8 personnes

30 g de sucre semoule

60 ml de vinaigre de cidre

1 petit oignon rouge, émincé (120 g)

40 g de gingembre (env. 5 cm), pelé et taillé en julienne

150 g de nouilles de riz plates, taillées à 15 cm

3 cuil. à soupe d'huile d'olive

1 pomme Granny Smith, évidée, coupée en lamelles de 2 mm de large (120 g)

1 gros concombre, avec la peau, détaillé en tagliatelles (250 g)

2 piments rouges, épépinés et taillés en julienne

15 g de feuilles de menthe, entières ou hachées

15 g de feuilles d'estragon, entières ou hachées

1 cuil. à soupe de graines de pavot

Sel

À tous ceux qui trouvent que la liste d'ingrédients ci-contre est un peu trop longue pour une recette dite « simple », sachez que je suis justement très fier d'avoir réussi à la restreindre ! Comme l'attestent les nombreuses lettres de remarques que reçoit le Guardian depuis que mes recettes y sont publiées, j'ai en effet une fâcheuse tendance à dévaliser les épiceries asiatiques quand je me lance dans une salade de nouilles…

Pour cette recette, tous les composants peuvent se préparer quelques heures à l'avance – vous pouvez même mettre l'oignon et le gingembre à mariner la veille –, mais il est préférable d'assembler la salade juste avant de servir.

1. Dans un cul-de-poule, fouettez le sucre et le vinaigre jusqu'à complète dissolution du sucre. Ajoutez l'oignon, le gingembre et mélangez. Laissez mariner 30 minutes, en remuant une ou deux fois.

2. Versez les nouilles dans un saladier et mouillez à hauteur avec l'eau bouillante. Laissez reposer 15 à 20 minutes, jusqu'à ce que les nouilles soient cuites, puis égouttez. Versez 1 cuillère à soupe d'huile d'olive dans les nouilles, mélangez et réservez.

3. Quand les nouilles sont revenues à température ambiante, versez tous les ingrédients restants dans le saladier, ainsi que l'oignon et le gingembre marinés, le jus de macération, 2 cuillères à soupe d'huile d'olive et 1 petite cuillère à café de sel. Mélangez bien et servez aussitôt.

Sobas froides au citron vert, cardamome et avocat

Gratter et écraser les graines de 12 capsules de cardamome pour extraire ½ cuil. à café de poudre peut vous sembler rébarbatif mais, croyez-moi, le jeu en vaut la chandelle. C'est en effet les notes fruitées, florales et acidulées de cette épice qui confèrent à ce plat cette saveur si particulière.

Je prépare cette salade telle quelle quand j'ai envie d'un déjeuner ou d'un dîner léger, et je lui ajoute parfois des crevettes ou du tofu (juste avant de servir) pour un repas plus consistant. Elle accompagne aussi très bien un pavé de saumon poêlé ou peut être juste surmontée d'un œuf mollet.

1. Faites cuire les sobas en suivant les indications figurant sur le paquet (elles diffèrent selon les marques). Stoppez ensuite la cuisson sous l'eau froide et laissez s'égoutter dans une passoire.

2. Avec le plat du couteau, ouvrez les capsules de cardamome en les écrasant. Récupérez les graines et jetez les capsules. Dans un mortier, pilez les graines jusqu'à obtenir ½ cuillère à café de poudre. Transvasez les sobas dans un saladier et ajoutez la poudre de cardamome. Ajoutez le basilic, la coriandre, les pistaches, le zeste et le jus de citron vert, l'huile, le piment, les lamelles d'avocat et ½ cuillère à café de sel. Mélangez, puis dressez dans quatre grands bols, en raclant bien le fond du saladier. Parsemez de graines de nigelle ou de piment et servez avec un quartier de citron vert.

Pour 4 personnes

200 g de sobas (nature ou au thé vert)

12 capsules de cardamome

30 g de feuilles de basilic, hachées

30 g de feuilles de coriandre, hachées

70 g de pistaches décortiquées, hachées

3 citrons verts : 1 cuil. à café de zeste et 3 cuil. à soupe de jus, plus 4 quartiers pour le dressage

3 cuil. à soupe d'huile d'arachide

1 piment vert, épépiné et émincé

2 avocats mûrs à point, coupés en lamelles de 0,5 cm d'épaisseur

¼ de cuil. à café de graines de nigelle ou de piment d'Urfa en flocons, pour le dressage (facultatif)

Sel

Salade de spaghettis de mer au sésame

Les spaghettis de mer ont une texture proche de celle des nouilles de riz, mais c'est leur goût subtilement iodé qui fait tout le sel de ce plat. Le shichimi est un mélange de sept épices japonais qui apporte un vrai plus à cette recette, mais vous pouvez le remplacer par du piment en flocons classique si vous avez du mal à en trouver.

Dégustée telle quelle, cette salade peut constituer une entrée ou un déjeuner léger, mais il suffit de l'accompagner de riz gluant pour en faire un plat végétarien plus copieux. En accompagnement, elle s'alliera divinement avec les poissons gras – maquereau, saumon poêlé – ou les crevettes grillées.

Pour éviter que l'eau de végétation du concombre ne la détrempe, servez-la aussitôt après l'avoir composée. Sachez que la vinaigrette peut se préparer jusqu'à 2 jours à l'avance.

1. Versez tous les ingrédients prévus pour la vinaigrette dans un bol, mélangez au fouet et réservez.

2. Versez les spaghettis de mer dans une casserole de taille moyenne et mouillez à hauteur. Portez à ébullition, puis baissez le feu et laissez cuire 15 minutes à feu doux, jusqu'à obtenir une cuisson *al dente*. Égouttez, puis stoppez la cuisson à l'eau froide. Séchez les spaghettis avec du papier absorbant et débarrassez dans un saladier. Ajoutez les tagliatelles de concombre, les graines de sésame, la coriandre, la vinaigrette et ½ cuillère à café de sel. Mélangez le tout, puis dressez dans quatre grands bols (ou dans un plat de service creux), saupoudrez de piment et servez aussitôt.

Pour 4 personnes

50 g de spaghettis de mer

1 gros concombre, coupé en deux dans le sens de la longueur, évidé, puis détaillé en tagliatelles à l'aide d'un économe (250 g)

20 g de graines de sésame noir ou blanc, ou un mélange des deux, torréfiées

15 g de coriandre

½ cuil. à café de piment en flocons (ou de shichimi, si vous avez)

Sel

VINAIGRETTE AU TAHIN

1 cuil. à café de miel

1,5 cuil. à café de vinaigre de riz

1 cuil. à soupe de mirin

1 cuil. à café de moutarde de Dijon

1,5 cuil. à café de sauce soja

1 cuil. à soupe de tahin

1 cuil. à soupe d'huile d'arachide

Nouilles et pâtes

Pâtes à la sicilienne

Quand je passe ma journée à tester et à goûter différentes recettes pour mes restaurants ou livres de cuisine, il m'arrive de manquer de motivation et d'appétit quand il faut se remettre aux fourneaux en rentrant. Ces pâtes, cependant, font partie des plats dont je ne me lasse jamais. Si vous aimez préparer vos repas à l'avance, n'hésitez pas à doubler ou tripler les quantités de sauce tomate pour en avoir en réserve : celle-ci se conservera sans problème 5 jours au réfrigérateur, mais supportera aussi très bien la congélation. Une fois rôties, les aubergines pourront se garder 24 h (à température ambiante ou au réfrigérateur).

Si vous tombez sur de la ricotta salata en faisant vos courses, n'hésitez pas une seconde à la substituer au pecorino romano. Avec son petit goût de noisette et sa pointe de sel, ce fromage n'est autre que de la ricotta égouttée, salée et affinée. D'une texture bien plus ferme que la ricotta classique, il se détaille en copeaux et sur des pâtes.

Pour 4 personnes

3 aubergines (900 g)
120 ml d'huile d'olive
5 gousses d'ail, émincées
1 à 2 piments doux séchés (épépinés, si vous n'aimez pas vos plats trop épicés)
2 boîtes de 400 g de tomates pelées
5 brins d'origan bien fournis (8 g)
1 cuil. à café de sucre semoule
300 g de spaghettis
45 g de pecorino romano vieux (ou de ricotta salata), détaillé en copeaux
20 g de feuilles de basilic, déchirées
Sel et poivre noir

Nouilles et pâtes

1. Préchauffez le four à 220 °C (chaleur tournante).

2. À l'aide d'un économe, pelez les aubergines en laissant une bande de peau sur deux, de façon à créer des rayures. Détaillez en rondelles de 1 cm d'épaisseur et versez dans un cul-de-poule avec 75 ml d'huile d'olive, ¾ de cuillère à café de sel, quelques tours de moulin à poivre et mélangez. Déposez les rondelles d'aubergine sur deux grandes plaques chemisées et enfournez pour 30 à 35 minutes, jusqu'à ce qu'elles soient bien colorées. Sortez les plaques du four et laissez tiédir.

3. Mettez 2 cuillères à soupe d'huile d'olive à chauffer dans une sauteuse à feu moyen-vif. Faites revenir l'ail et les piments 1 à 2 minutes, sans cesser de remuer, jusqu'à ce que l'ail commence à colorer. Ajoutez les tomates, l'origan, le sucre, ½ cuillère à café de sel et un tour de moulin à poivre. Baissez le feu (moyen-doux) et laissez épaissir 10 minutes. Retirez les brins d'origan, ajoutez les aubergines et réservez.

4. Plongez les spaghettis dans un grand volume d'eau salée portée à ébullition. Dès qu'elles sont *al dente*, égouttez-les en réservant un peu d'eau de cuisson. Versez les spaghettis dans la sauce, ainsi que deux tiers du pecorino et du basilic, et mélangez. Si votre sauce vous paraît trop épaisse, délayez avec quelques cuillères à soupe d'eau de cuisson.

5. Dressez les pâtes dans quatre assiettes creuses, saupoudrez du restant de fromage et de basilic, arrosez de 1 cuillère à soupe d'huile d'olive et servez.

Tagliatelles piquantes aux tomates cerise

Dans cette recette, le temps de cuisson de la sauce étant assez long – un peu plus de 1 heure –, je vous conseille de choisir de belles tomates cerise au pic de leur maturité et de doubler ou tripler les quantités pour avoir de la sauce tomate maison toute prête pendant 5 jours (conservée au réfrigérateur) ou pendant 1 mois (au congélateur). Le piment ancho apporte ici un goût fumé d'une belle profondeur mais, si vous avez du mal à en trouver, remplacez-le par ¼ de cuil. à café de paprika fumé doux, ou supprimez-le complètement si vous n'aimez pas les plats trop relevés.

1. Mettez 75 ml d'huile à chauffer dans une grande sauteuse à feu moyen-vif. Faites revenir l'ail pendant 1 minute, en remuant de temps en temps, jusqu'à ce qu'il commence à colorer. Ajoutez les tomates – avec délicatesse, pour éviter les projections d'huile ! –, ainsi que le sucre, le piment et ½ cuillère à café de sel. Mouillez avec 200 ml d'eau et remuez continuellement jusqu'à ce que les tomates commencent à compoter et que la sauce arrive à ébullition (env. 4 min). Baissez le feu (moyen-doux) et laissez mijoter env. 1 heure, en remuant de temps en temps, jusqu'à obtenir une sauce bien épaisse. Incorporez le basilic et réservez au chaud.

2. Plongez les tagliatelles dans un grand volume d'eau salée portée à ébullition et laissez cuire 10 à 12 minutes à feu vif, ou selon les indications figurant sur le paquet pour obtenir une cuisson *al dente*. Égouttez et mélangez avec la sauce. Dressez dans quatre assiettes creuses, saupoudrez de parmesan et servez.

Pour 4 personnes

90 ml d'huile d'olive

2 gousses d'ail, émincées

1 kg de tomates cerise, coupées en deux

½ cuil. à café de sucre semoule (quantité à adapter en fonction du degré de maturité et de la sucrosité naturelle des tomates)

1 piment ancho (séché), déchiré en gros morceaux

20 g de basilic

400 g de tagliatelles (ou de linguines ou de spaghettis)

35 g de parmesan, râpé finement

Sel

Pappardelles aux olives noires, câpres et harissa à la rose

Pour 4 personnes

2 cuil. à soupe d'huile d'olive

1 gros oignon, émincé (220 g)

45 g de harissa à la rose (ajustez la quantité selon la variété choisie ; voir p. 301)

400 g de tomates cerise, coupées en deux

55 g d'olives Kalamata dénoyautées, coupées en deux

20 g de câpres

15 g de persil, haché

500 g de pappardelles (ou autres pâtes en ruban)

120 g de yaourt à la grecque

Sel

En italien, pappare *signifie « dévorer », ce qui résume bien le sort que l'on réserve à ces délicieuses pâtes (en particulier les week-ends chez Tara, son mari Chris ayant fait de ce plat un incontournable du dimanche soir). Pour ma part, j'aime mes pâtes bien épicées mais, si ce n'est pas votre cas, n'hésitez pas à réduire la quantité de harissa. La sauce peut se préparer jusqu'à 3 jours à l'avance et se conserver au réfrigérateur en attendant.*

1. Mettez l'huile à chauffer dans une grande sauteuse (avec couvercle) à feu moyen-vif. Faites revenir l'oignon 8 minutes en remuant de temps en temps, jusqu'à ce qu'il soit tendre et bien doré. Ajoutez la harissa, les tomates, les olives, les câpres, ½ cuillère à café de sel et laissez cuire encore 3 à 4 minutes, en remuant régulièrement, jusqu'à ce que les tomates commencent à compoter. Mouillez avec 200 ml d'eau, mélangez et portez à ébullition. Baissez le feu (moyen-doux) et laissez mijoter 10 minutes à couvert. Ôtez le couvercle et laissez réduire 4 à 5 minutes, jusqu'à ce que la sauce épaississe. Incorporez 10 g de persil et réservez.

2. Plongez les pappardelles dans un grand volume d'eau salée portée à ébullition et laissez cuire selon les indications figurant sur le paquet pour obtenir une cuisson *al dente*. Égouttez, puis reversez les pâtes dans la casserole.

3. Versez la sauce sur les pâtes, ajoutez 1 bonne pincée de sel et mélangez. Dressez dans quatre assiettes creuses et servez bien chaud, avec une cuillère de yaourt et quelques feuilles de persil hachées.

Photo ci-contre avec Gigli aux pois chiches et au zaatar (p. 191)

Gigli aux pois chiches et au zaatar

En italien, gigli *signifie « lys » et, de fait, la belle bordure florale qui fait la particularité de ces pâtes s'avère bien utile ici pour retenir les pois chiches et les anchois de la sauce. Dans le même esprit, les* orecchiette *(« oreilles ») et les* conchiglie *(« coquillages ») sont elles aussi tout à fait indiquées pour cette recette.*

1. Mettez l'huile d'olive à chauffer dans une grande sauteuse à feu vif. Faites revenir l'oignon pendant 3 à 4 minutes avec l'ail, le cumin, le thym, les anchois, l'écorce de citron, ½ cuillère à café de sel et quelques tours de moulin à poivre, en remuant régulièrement, jusqu'à ce qu'il soit tendre et doré. Baissez le feu (moyen-vif), puis ajoutez les pois chiches, la vergeoise et laissez dorer 8 minutes. Quand les pois chiches commencent à sécher, mouillez avec le bouillon de volaille et le jus de citron, et laissez réduire 6 minutes, puis retirez du feu et réservez. (Si nécessaire, cette préparation peut être réalisée en amont et réchauffée au dernier moment.)

2. Plongez les pâtes dans un grand volume d'eau salée portée à ébullition et laissez cuire 8 minutes, ou selon les indications figurant sur le paquet pour obtenir une cuisson *al dente*. Égouttez et réservez.

3. Versez les épinards et le persil sur les pois chiches et mélangez : la chaleur de la sauce devrait suffire à faire tomber les épinards mais, si ce n'est pas le cas, remettez la sauteuse quelques minutes sur feu doux. Versez ensuite les pâtes dans la sauteuse et mélangez. Dressez dans quatre grands bols, saupoudrez de zaatar, arrosez d'un filet d'huile d'olive et servez.

Pour 4 personnes

45 ml d'huile d'olive, plus pour dresser

½ oignon, ciselé (100 g)

2 gousses d'ail, hachées

2 cuil. à café de cumin en poudre

10 g de feuilles de thym, ciselées

25 g de filets d'anchois à l'huile, égouttés et hachés (soit 7 filets)

1 citron : l'écorce d'une moitié et 2 cuil. à soupe de jus

2 boîtes de 400 g de pois chiches, égouttés (480 g)

1 cuil. à café de vergeoise blonde

400 ml de bouillon de volaille

200 g de *gigli* (ou de *conchiglie* ou d'*orecchiette*)

50 g de pousses d'épinard

15 g de persil, grossièrement haché

1,5 cuil. à café de zaatar

Sel et poivre noir

Risoni aux crevettes, tomates et feta marinée

L'association crevettes/feta/tomates/pâtes est une valeur sûre vers laquelle je me tourne souvent les soirs de semaine quand j'ai envie d'un dîner savoureux mais facile à réaliser. Les risoni sont de petites pâtes en forme de grains de riz que l'on trouve dans tous les supermarchés et qui se mangent sans faim. Si vous démarrez votre recette avec des crevettes entières (non décortiquées), laissez la tête sur certaines d'entre elles pour un rendu plus esthétique. La feta marinée se mariant également très bien avec les salades, j'en prépare généralement en grosse quantité pour en avoir sous la main (au réfrigérateur) pendant 1 semaine.

1. Dans un cul-de-poule, mélangez la feta avec ¼ de cuillère à café de piment en flocons, 2 cuillères à café de graines de fenouil, 1 cuillère à soupe d'huile d'olive et laissez mariner pendant que vous vous occupez des *risoni*.

2. Dans une grande sauteuse (avec couvercle), faites frire les *risoni* 3 à 4 minutes à feu moyen-vif, en remuant fréquemment, dans 2 cuillères à soupe d'huile d'olive avec 1 bonne pincée de sel et quelques tours de moulin à poivre. Débarrassez et réservez.

3. Remettez la sauteuse sur le feu et faites revenir l'ail 1 minute dans les 2 cuillères à soupe d'huile avec ¼ de cuillère à café de piment en flocons, 2 cuillères à café de graines de fenouil, et les écorces d'orange. Quand l'ail commence à colorer, ajoutez les tomates, le bouillon de légumes, 200 ml d'eau, ¾ de cuillère à café de sel et quelques tours de moulin à poivre. Laissez cuire jusqu'à ébullition (env. 2 à 3 min), puis ajoutez les *risoni* frits. Baissez le feu (moyen-doux) et laissez mijoter à couvert pendant 15 minutes, en remuant une fois ou deux pour assurer une cuisson homogène des pâtes. Retirez le couvercle et laissez épaissir 1 à 2 minutes, jusqu'à obtenir la consistance d'un risotto. Ajoutez les crevettes, laissez-les rosir (2 à 3 min), puis incorporez le basilic et servez aussitôt, parsemé de dés de feta marinée.

Pour 4 personnes

200 g de feta, émiettée en morceaux de 1 à 2 cm

½ cuil. à café de piment en flocons

4 cuil. à café de graines de fenouil, torréfiées et légèrement concassées

75 ml d'huile d'olive

250 g de *risoni*

3 gousses d'ail, hachées

1 orange : 3 longs morceaux d'écorce

1 boîte de 400 g de pulpe de tomates en dés

500 ml de bouillon de légumes

400 g de crevettes crues décortiquées

30 g de feuilles de basilic, ciselées

Sel et poivre noir

Trofie au basilic et aux pistaches

Pour 4 personnes en entrée

50 g de basilic

1 gousse d'ail, hachée

3 filets d'anchois à l'huile, égouttés

75 ml d'huile d'olive

200 g de *trofie* (ou de fusillis)

130 g de pois gourmands, émincés en biais

75 g de pecorino, détaillé en copeaux

75 g de pistaches décortiquées, hachées

1 citron : 1 cuil. à café de zeste

Sel et poivre noir

S'il est vrai que les trofie sont les pâtes que l'on sert habituellement avec le pesto, les fusillis font tout aussi bien l'affaire. Pour apporter une touche de couleur et de peps supplémentaire à cette recette, n'hésitez pas à incorporer des tomates séchées maison. Pour ce faire, coupez 400 g de tomates cerise en deux, enrobez-les dans 1 cuillère à soupe d'huile d'olive, salez, poivrez et laissez sécher 40 minutes au four à 150 °C (chaleur tournante). Une fois cuites, ces tomates peuvent se conserver 1 semaine au réfrigérateur dans une boîte hermétique et agrémenter salades et féculents de toutes sortes, au gré de vos envies.

1. Dans un petit robot, mixez 30 g de basilic avec la gousse d'ail hachée, les anchois et l'huile d'olive jusqu'à obtenir la consistance d'un pesto et réservez.

2. Remplissez une grande casserole d'eau salée à mi-hauteur et portez à ébullition sur feu vif. Plongez les pâtes dans l'eau et laissez cuire 7 minutes. Ajoutez les pois gourmands et poursuivez la cuisson encore 2 minutes, jusqu'à ce que les pâtes soient *al dente* et les pois gourmands tendres.

3. Égouttez dans une passoire en réservant 2 cuillères à soupe d'eau de cuisson, puis transvasez dans un saladier. Versez le pesto basilic/anchois sur les pâtes et mélangez. Ajoutez le pecorino, les pistaches, le zeste de citron, les 20 g de basilic restants, 1 bonne pincée de sel et quelques tours de moulin à poivre. Mélangez délicatement et servez.

Spaghettis aux anchois et à la salicorne

La salicorne et les anchois sont deux produits fortement iodés qui, quand on les associe, permettent de donner une vraie puissance aromatique à des recettes somme toute très simples. Mes remerciements à Claudia Lazarus pour m'avoir inspiré cette recette.

1. Dans une grande sauteuse, mettez l'huile d'olive à chauffer sur feu moyen. Faites fondre les anchois dans l'huile avec le piment, l'ail, le zeste de citron, la moitié du persil et quelques tours de moulin à poivre pendant 5 minutes, en remuant régulièrement. Déglacez au vin blanc, puis laissez réduire 4 à 5 minutes avant de réserver hors du feu pendant que vous vous occupez des pâtes.

2. Plongez les spaghettis dans un grand volume d'eau salée portée à ébullition. Trente secondes avant la fin de la cuisson, ajoutez la salicorne, puis égouttez – en réservant deux louches d'eau de cuisson – dès que les pâtes sont *al dente*.

3. Remettez la sauteuse sur feu moyen-vif, puis ajoutez les spaghettis, la salicorne et mélangez. Si besoin, n'hésitez pas à délayer avec un peu d'eau de cuisson. Incorporez le restant de persil, poivrez et dressez dans quatre assiettes. Saupoudrez de quelques flocons de piment et servez avec un quartier de citron.

Pour 4 personnes

75 ml d'huile d'olive

30 g de filets d'anchois à l'huile, égouttés et hachés finement (soit 8 à 9 filets)

1,5 cuil. à café de piment d'Alep en flocons, plus quelques flocons pour le dressage (ou ¾ de cuil. à café de piment en flocons classique)

1 gousse d'ail, hachée

1 citron : 1 cuil. à café de zeste, plus 4 quartiers pour le dressage

20 g de persil, ciselé

100 ml de vin blanc sec

250 g de spaghettis

250 g de salicorne

Sel et poivre noir

Gnocchis à la romaine

Pour 8 personnes en entrée, ou pour 8 enfants en plat principal

80 g de beurre doux

1 litre de lait entier

250 g de semoule fine

1 cuil. à café de noix muscade râpée

100 g de parmesan, râpé finement

2 jaunes d'œufs

40 g de cheddar ou cantal vieux, râpé finement

Sel et poivre noir

Quand il s'agit de bons petits plats maison, difficile de faire mieux que celui-ci. Servi tel quel ou accompagné d'une salade verte croquante, c'est le plat familial par excellence : jusqu'à présent, je n'ai jamais rencontré d'enfant qui fasse la moue devant des gnocchis ou d'adulte qui ne soit pas ravi de s'en délecter avec un bon verre de vin rouge. Vous pouvez préparer ce plat la veille et le réserver au frais. Le moment venu, vous lancerez la cuisson 25 minutes avant de passer à table.

1. Préchauffez le four à 180 °C (chaleur tournante).

2. Versez le beurre et le lait dans une casserole de taille moyenne avec 1 cuillère à café de sel et quelques tours de moulin à poivre. Faites chauffer à feu moyen-vif jusqu'à ce que le lait frémisse et que le beurre soit complètement fondu. Hors du feu, ajoutez la semoule, la noix muscade, le parmesan, les jaunes d'œufs et mélangez au fouet jusqu'à obtenir un appareil homogène. Remettez sur le feu et fouettez sans discontinuer. Quand la préparation commence à épaissir, desséchez la pâte encore 3 à 4 minutes sur le feu – sans cesser de fouetter – jusqu'à ce qu'elle se décolle des bords. Retirez du feu et laissez tiédir 15 minutes (pas plus, sinon votre pâte sera trop cassante pour être façonnée).

3. Étalez deux grandes feuilles de film alimentaire d'env. 30 x 40 cm sur votre plan de travail et répartissez votre pâte au centre. Façonnez deux boudins d'env. 4 cm de diamètre sur 38 cm de long et laissez prendre env. 2 h au réfrigérateur. Retirez le film et détaillez chaque boudin en rondelles de 1,5 cm d'épaisseur. Rangez proprement les rondelles dans un plat à gratin de 23 x 33 cm, en les faisant se chevaucher. Saupoudrez de fromage râpé et enfournez pour 15 minutes.

4. Enclenchez le gril à puissance maximale et faites gratiner 2 à 3 minutes, env. 10 cm sous la source de chaleur. Laissez tiédir 5 minutes et servez.

Viande

Viande

Boulettes d'agneau à la feta

Pour 6 personnes
500 g de viande d'agneau hachée
100 g de feta, émiettée en morceaux de 1 cm
2 cuil. à soupe de thym
2 gousses d'ail, écrasées au presse-ail
10 g de persil, ciselé
La mie de 1 à 2 tranches de pain blanc, mixée au robot (45 g)
½ cuil. à café de cannelle
1 cuil. à soupe d'huile d'olive
2 cuil. à café de mélasse de grenade (facultatif)
Sel et poivre noir

Ces boulettes peuvent se grignoter telles quelles à l'apéritif ou faire office de plat principal, servies dans du pain pita ou avec du riz et des légumes. Si vous choisissez l'option amuse-gueules, il faudra doubler le nombre de boulettes, mais réduire leur taille et leur temps de cuisson : tablez sur 3 à 4 minutes à la poêle, puis 3 minutes dans le four. Pour qu'elles soient prêtes à déguster dès la sortie du four, pensez à piquer un cure-dent dans chaque boulette après leur passage à la poêle (la cuisson au four est si courte que les cure-dents ne devraient pas brûler).

Avec sa saveur bien distincte qui allie douceur et vivacité, la mélasse de grenade apporte un petit plus à ces boulettes, mais ne vous en faites pas si vous peinez à en trouver, elles sont également délicieuses sans. Vous pouvez faire frire vos boulettes 6 heures à l'avance et les passer 5 minutes au four pour les réchauffer avant de servir. Et s'il vous en reste, n'hésitez pas à les manger le lendemain, soit réchauffées au four, soit à température ambiante.

1. Préchauffez le four à 200 °C (chaleur tournante).

2. Dans un saladier, mélangez l'agneau haché avec la feta, le thym, l'ail, le persil, la mie de pain hachée, la cannelle, ¾ de cuillère à café de sel et une bonne dose de poivre. Façonnez 18 boulettes d'environ 4 cm de diamètre et de 35 g chacune (ou 36 mini-boulettes de 2 cm de diamètre et de 17 g chacune pour la version amuse-gueules).

3. Dans une grande poêle, mettez l'huile à chauffer sur feu moyen-vif, puis faites revenir les boulettes 5 à 6 minutes, en les retournant régulièrement (attention à ne pas les casser !) jusqu'à ce qu'elles soient uniformément dorées. Débarrassez sur une plaque à four chemisée avec du papier sulfurisé, arrosez d'un filet de mélasse de grenade et terminez la cuisson 5 minutes au four. Servez chaud.

Photo à la page précédente

Viande

Salade au bœuf et au basilic

*Ce plat peut faire une belle entrée ou un repas léger.
Tous les composants peuvent se préparer la veille et se conserver séparément au réfrigérateur, mais attendez le dernier moment pour les mélanger et les assaisonner, sinon la roquette risque de « cuire » et les morceaux de pitas grillés de perdre leur croustillant.*

1. Préchauffez le four à 200 °C (chaleur tournante).

2. Dans un petit robot, mixez la moitié du basilic avec l'ail, 75 ml d'huile et ⅓ de cuillère à café de sel. Réservez.

3. Assaisonnez généreusement le bœuf avec ¼ de cuillère à café de sel et quelques tours de moulin à poivre. Mettez 1 cuillère à soupe d'huile à chauffer à feu vif dans une poêle de taille moyenne, puis saisissez le bœuf 3 à 4 minutes (pour une cuisson rosée), en retournant les faux-filets une fois à mi-cuisson. Débarrassez et laissez reposer 10 minutes.

4. Mettez 3 nouvelles cuillères à soupe d'huile à chauffer dans la même poêle et faites griller les morceaux des pains pitas 2 à 3 minutes sur feu vif, jusqu'à ce qu'ils soient bien dorés et croustillants. Débarrassez sur une assiette tapissée de papier absorbant, saupoudrez d'une pincée de sel et réservez.

5. Dans un grand saladier, versez les feuilles d'endive, la roquette, le jus de citron, le parmesan, l'huile au basilic, les feuilles de basilic restantes et réservez.

6. Au moment de servir, détaillez le bœuf en fines tranches de 0,5 cm d'épaisseur (dans le sens contraire des fibres). Assaisonnez avec une pincée de sel et versez dans le saladier de légumes. Ajoutez les morceaux de pitas grillés, mélangez délicatement et servez aussitôt.

Pour 4 personnes

50 g de basilic

1 gousse d'ail, écrasée au presse-ail

135 ml d'huile d'olive

400 g de faux-filet (soit 2 faux-filets d'env. 1,5 cm d'épaisseur)

2 pains pitas, déchirés en morceaux de 3 cm (120 g)

2 endives rouges, effeuillées, puis coupées obliquement en deux dans le sens de la longueur (160 g)

40 g de roquette

3 cuil. à soupe de jus de citron

60 g de parmesan, détaillé en copeaux

Sel et poivre noir

Photo à la page précédente

Viande

Parmentier d'agneau au sésame

Dans cette version orientale du hachis Parmentier, on remplace la purée de pommes de terre par une couche de sauce sésame : un plat gourmand et généreux, dans lequel le sésame et l'agneau se mettent mutuellement en valeur.

Le mijoté d'agneau peut se préparer 1 à 2 jours à l'avance, à condition de rester au réfrigérateur ou au congélateur en attendant. Le jour J, vous n'aurez plus qu'à étaler la sauce sésame sur le dessus et à passer le tout au four. Servez accompagné de boulgour ou de riz.

Pour 4 à 6 personnes

60 ml d'huile d'olive
2 petits oignons, ciselés (250 g)
4 branches de céleri, émincées (250 g)
1 cuil. à café de double concentré de tomate
1 cuil. à soupe de baharat
1 kg d'agneau à mijoter (épaule, souris ou collier), détaillé en morceaux de 2 cm
500 g de tomates Roma, grossièrement hachées
1 cuil. à café de paprika
60 g de pignons de pin, torréfiés
40 g de persil, haché
Sel et poivre noir

SAUCE SÉSAME
200 g de tahin
1,5 cuil. à soupe de jus de citron
1 gousse d'ail, écrasée

1. Versez 2 cuillères à soupe d'huile dans une cocotte de 20 cm de diamètre. Faites revenir l'oignon et le céleri 10 à 12 minutes à feu moyen, en remuant de temps en temps. Dès qu'ils sont tendres, ajoutez le double concentré de tomate, le baharat et laissez cuire encore 2 minutes avant de débarrasser le tout dans un saladier. Laissez la cocotte en l'état, sans chercher à la nettoyer ou à la rincer.

Viande

2. Assaisonnez l'agneau avec ¾ de cuillère à café de sel et quelques tours de moulin à poivre noir. Dans la cocotte, mettez 1,5 cuillère à café d'huile à chauffer sur feu moyen-vif et marquez un quart des morceaux d'agneau sur toutes les faces (env. 3 min.). Débarrassez ensuite dans le saladier contenant les oignons et le céleri, puis répétez l'opération avec le reste de l'agneau (en trois fois), en ajoutant 1,5 cuillère à café d'huile à chaque fois. Quand tous les morceaux sont marqués, versez l'intégralité du saladier dans la cocotte et incorporez ⅔ des tomates, le paprika, ½ cuillère à café de sel et une bonne dose de poivre noir. Portez à ébullition, puis baissez le feu (moyen-doux) et laissez mijoter environ 70 minutes à couvert, jusqu'à ce que la viande soit fondante. Si votre mijoté vous semble trop liquide, retirez le couvercle 5 à 10 minutes avant la fin de la cuisson. Incorporez les pignons de pin, le persil, le reste des tomates et réservez.

3. Environ 10 minutes avant que la viande ne soit cuite, préchauffez le four à 180 °C (chaleur tournante).

4. Pour la sauce sésame, délayez le tahin avec le jus de citron, l'ail, 160 ml d'eau et ¼ de cuillère à café de sel dans un cul-de-poule. Fouettez le tout pour obtenir une consistance de crème fleurette. Si votre sauce ne vous paraît pas assez liquide, détendez-la avec un peu d'eau. Versez ensuite sur l'agneau de manière homogène et laissez épaissir 20 minutes à couvert. Ôtez ensuite le couvercle de la cocotte et faites dorer 20 minutes au four.

5. Sortez la cocotte du four, laissez reposer 5 minutes et servez.

Viande

Noisettes d'agneau aux amandes et à la fleur d'oranger

Pour 6 personnes

6 gousses d'ail, écrasées au presse-ail

3 cuil. à soupe de thym

5 citrons : 1 cuil. à soupe de zeste et 150 ml de jus

180 ml d'huile d'olive

1 kg de filet d'agneau (soit 8 noisettes)

170 g d'amandes (avec la peau)

1 cuil. à soupe de miel

½ cuil. à café d'eau de fleur d'oranger

3 poivrons rouges, coupés en quatre et épépinés (370 g)

20 g de feuilles de menthe, ciselées

Sel et poivre noir

Très pratique quand on reçoit du monde, ce plat peut se préparer presque entièrement avant l'arrivée des invités. La veille, marquez la viande, grillez les poivrons et préparez la sauce (n'ajoutez cependant la menthe qu'à la dernière minute si vous ne voulez pas que votre sauce vire au vert). Gardez ensuite tous les éléments au réfrigérateur et, le moment venu, terminez simplement la cuisson de la viande au four et incorporez la menthe dans la sauce.

Si vous optez pour cette organisation, sortez la viande du réfrigérateur une bonne heure avant de la passer au four pour qu'elle ait le temps de revenir à température ambiante. De même, pensez à allonger le temps de cuisson (15 minutes au lieu de 3 à 4 minutes).

Dans cette recette, je donne des indications pour une cuisson de l'agneau à la poêle gril mais, comme moi, n'hésitez pas mettre votre barbecue à contribution pendant la belle saison. Vous pouvez aussi préparer plus de sauce aux amandes que nécessaire et utiliser l'excédent pour assaisonner toutes sortes de légumes cuits, comme un bon chou-fleur rôti ou des poivrons grillés.

1. Dans un saladier, versez l'ail écrasé, le thym, 2 cuillères à café de zestes de citron, 90 ml de jus de citron, 90 ml d'huile d'olive, 1,5 cuillère à café de sel et une bonne dose de poivre du moulin. Ajoutez les morceaux d'agneau et malaxez. Réservez au moins 2 h au réfrigérateur (ou, idéalement, toute la nuit) pour que la marinade imprègne la viande.

2. Dans une petite casserole (ou poêle), mettez 2 cuillères à soupe d'huile d'olive à chauffer, puis faites dorer les amandes 3 à 4 minutes, en remuant continuellement. Retirez du feu et laissez tiédir quelques minutes. Hachez grossièrement les amandes (jetez l'huile de cuisson) et versez-les dans un cul-de-poule. Ajoutez 1 cuillère à café de zestes de citron, 60 ml de jus de citron, le miel, l'eau de fleur d'oranger, ½ cuillère à café de sel, quelques tours de moulin à poivre noir, 3 cuillères à soupe d'huile et mélangez. Réservez jusqu'au moment de servir.

3. Préchauffez le four à 220 °C (chaleur tournante).

4. Mettez une poêle gril à chauffer sur feu vif et aérez votre cuisine en conséquence. Arrosez les poivrons rouges de 1 cuillère à soupe d'huile d'olive, saupoudrez de ¼ de cuillère à café de sel et faites griller dans la poêle, 5 minutes de chaque côté. Réservez.

5. Marquez ensuite chaque noisette d'agneau 4 minutes sur le gril (gardez la marinade de côté), en les retournant une fois à mi-cuisson. Transvasez l'agneau et les poivrons dans un plat à four et enfournez pour 3 à 4 minutes si vous souhaitez une cuisson rosée, ou quelques minutes supplémentaires pour une cuisson à point. Attention : si vous avez marqué votre viande à l'avance et que vous l'avez ensuite gardée au réfrigérateur puis ramenée à température ambiante, laissez-la plutôt 15 minutes dans le four à ce stade. Quoi qu'il en soit, n'hésitez pas à ajuster le temps de cuisson en fonction de l'épaisseur de vos noisettes. Une fois la cuisson terminée, sortez le plat du four, recouvrez de papier d'aluminium et laissez la viande reposer 5 à 10 minutes.

6. Pendant ce temps, portez la marinade à ébullition dans une petite casserole sur feu moyen-vif. Retirez du feu et réservez.

7. Au moment de servir, découpez l'agneau en tranches de 1 cm d'épaisseur. Dressez sur un plat de service avec les poivrons rouges et arrosez de marinade. Incorporez la menthe fraîchement ciselée dans la sauce aux amandes et versez sur la viande (si vous en avez trop, servez l'excédent dans une coupelle).

Viande

Pain de viande, agneau, tahin, tomates

Ce pain de viande peut soit se servir chaud et faire office de plat au cours d'un repas, soit se déguster à température ambiante, coupé en tranches épaisses que l'on peut ensuite glisser dans des sandwiches ou des pitas chauds ; ajoutez un filet de sauce sésame, des tomates râpées et le tour est joué ! Quel que soit votre choix, vous ravirez à coup sûr toute la famille avec cette recette. Sachez que les restes peuvent se conserver 2 jours au réfrigérateur.

Pour 1 pain (soit 6 à 8 parts)

- **1 cuil. à soupe d'huile**
- **1 courgette**, grossièrement hachée (160 g)
- **1 carotte**, grossièrement hachée (100 g)
- **1 gros oignon**, grossièrement haché (180 g)
- **3 tomates** : hachez grossièrement la première, mondez et râpez les deux autres (180 g)
- **500 g de viande d'agneau** hachée à 20 % de matière grasse au minimum
- **4 gousses d'ail**, écrasées au presse-ail
- **80 g de pecorino**, râpé finement
- **50 g de pain de mie**, haché (soit 2 tranches)
- **2 œufs de gros calibre**
- **2 cuil. à soupe de double concentré de tomates**
- **2 cuil. à café de cumin en poudre**
- **2 cuil. à café de quatre-épices en poudre**
- **100 g de tahin**
- **1 cuil. à soupe de jus de citron**
- **Sel**

Viande

1. Préchauffez le four à 190 °C (chaleur tournante) et huilez un moule à cake de 20 x 10 cm.

2. Dans un robot, mixez la courgette, la carotte, l'oignon et la tomate hachée jusqu'à obtenir une texture rappelant celle de la chair à saucisse. Versez la farce obtenue dans une passoire que vous positionnerez au-dessus d'un cul-de-poule. Pressez les légumes de manière à extraire un maximum de liquide, puis transvasez dans un saladier. Ajoutez la viande hachée, 2 gousses d'ail, le pecorino, le pain de mie haché, les œufs, le double concentré de tomates, les épices, 1 cuillère à café de sel et mélangez jusqu'à obtenir une belle farce ayant de la tenue.

3. Versez dans le moule à cake que vous placerez dans un plat à gratin. Faites un bain-marie en remplissant ce dernier d'eau bouillante, à mi-hauteur du moule à cake. Enfournez le tout pour 1 heure et 10 minutes. En fin de cuisson, votre pain de viande doit arborer une belle croûte dorée.

4. Pendant ce temps, préparez la sauce sésame en mélangeant le tahin avec l'ail restant, le jus de citron et ¼ de cuillère à café de sel dans un cul-de-poule. Délayez au fouet avec 70 ml d'eau que vous verserez en filet afin d'obtenir une sauce onctueuse et lisse. Réservez jusqu'au moment de servir.

5. Une fois la cuisson du pain de viande terminée, sortez le moule du bain-marie et laissez tiédir 10 minutes avant de démouler. Laissez s'égoutter quelques instants puis, en vous aidant d'une spatule, déposez le pain de viande sur un plat de service. Recouvrez d'un tiers de sauce sésame et d'un tiers de tomates râpées.

6. Servez chaud avec le reste de sauce et de tomates à part ou laissez revenir à température ambiante et servez découpé en tranches, dans des pains pita.

Viande

Arayes d'agneau au tahin et au sumac

Pour 4 personnes (8 arayes)

8 tortillas de blé ou de maïs de 20 cm de diamètre

60 ml d'huile d'olive, plus 2 cuil. à café pour le dressage

1 cuil. à soupe de sumac

FARCE

500 g de viande d'agneau hachée

½ petit oignon, grossièrement râpé (60 g)

2 tomates, mondées et grossièrement râpées (140 g)

1 cuil. à café de quatre-épices en poudre

90 g de tahin

2 gousses d'ail, écrasées

2 cuil. à café de mélasse de grenade

20 g de menthe, ciselée

80 g de cheddar ou cantal vieux, grossièrement râpé

Sel

Les arayes sont des petits pains plats fourrées à la viande d'agneau très populaires dans tout le Proche-Orient. Bien qu'ils se préparent traditionnellement avec des pitas, j'ai choisi ici d'utiliser des tortillas. Faciles et rapides à préparer, les arayes sont parfaits au déjeuner – servis avec une salade composée et du yaourt aromatisé au sumac – ou pour combler les petits creux de fin d'après-midi. Si, toutefois, vous manquez vraiment de temps, sachez que la farce peut se préparer la veille et se conserver au réfrigérateur. Il ne vous restera plus ensuite qu'à garnir les tortillas et les faire cuire. Un grand merci à Sami Tamimi d'avoir apporté ces gourmandises (et tant d'autres !) à ma table.

1. Dans un saladier, mélangez tous les ingrédients – à part le fromage – prévus pour la farce avec 1 cuillère à café de sel. Déposez une tortilla à plat devant vous et garnissez la moitié basse de 100 g de farce en laissant une bande vierge de 0,5 cm sur les bords. Répartissez 10 g de fromage sur la farce, puis rabattez la moitié haute sur la moitié basse. Appliquez une légère pression pour obtenir une couche de farce homogène de 1 à 1,5 cm d'épaisseur. Répétez l'opération avec les tortillas, la farce et le fromage restants.

2. Mettez 1 cuillère à soupe d'huile à chauffer dans une grande poêle antiadhésive sur feu moyen-doux. Déposez 2 *arayes* dans la poêle et laissez dorer gentiment 2 à 3 minutes sur chaque face. Quand la farce vous semble cuite à cœur, débarrassez sur une assiette, assaisonnez avec 1 pincée de sel et réservez. Essuyez la poêle avec une feuille de papier absorbant et répétez l'opération en remettant de l'huile à chauffer à chaque fois.

3. Délayez le sumac dans 2 cuillères à café d'huile. Badigeonnez la face visible des *arayes* de cette huile aromatisée et servez chaud ou à température ambiante.

Épaule d'agneau confite à la menthe et au cumin

Servi avec un écrasé de haricots blancs détendu au jus de cuisson de l'agneau et une bonne salade verte, ce plat est un véritable régal. Si vous le pouvez, laissez la viande mariner toute la nuit au réfrigérateur pour qu'elle ait le temps de s'imprégner de tous les arômes de la marinade. À défaut, vous pouvez ne la laisser que 4 ou 5 heures mais, dans ce cas, démarrez votre recette de bonne heure, car il faudra encore compter 6 h 30 de cuisson une fois la viande marinée. Une autre solution consiste à faire cuire l'agneau la veille, à le conserver au frais pour la nuit et à l'effilocher le lendemain avant de le faire réchauffer dans son jus.

1. Avec un petit robot, mixez les zestes de citron avec le jus de citron, l'ail, les aromates, les herbes, l'huile d'olive, 1,5 cuillère à café de sel et une bonne dose de poivre jusqu'à obtenir une marinade épaisse. Réservez.

2. Déposez l'épaule d'agneau dans un saladier et piquez-la environ 30 fois avec un petit couteau pointu. Versez la marinade sur la viande et massez pour la faire pénétrer dans les incisions. Filmez et laissez mariner au minimum 4 h (ou, idéalement, toute la nuit) pour permettre aux parfums de se développer.

3. Préchauffez le four à 170 °C (chaleur tournante).

4. Déposez la pièce de viande dans un grand plat à gratin d'environ 30 x 40 cm avec la marinade et 500 ml d'eau. Couvrez hermétiquement de papier d'aluminium et enfournez pour 1 heure. Baissez la température du four (160 °C), ajoutez le céleri-rave, les carottes, les têtes d'ail (partie coupée vers le haut) et laissez confire 5 h, en arrosant la viande et les légumes trois ou quatre fois au cours de la cuisson (attention à bien repositionner la feuille d'aluminium à chaque fois). Retirez ensuite l'aluminium et laissez dorer encore 30 minutes. En fin de cuisson, les légumes doivent être caramélisés et vous devez pouvoir détacher la viande de l'os sans effort.

Pour 4 à 6 personnes

2 citrons : 1 cuil. à soupe de zeste et 4 cuil. à soupe de jus

6 gousses d'ail, écrasées au presse-ail

1 cuil. à soupe de paprika

½ cuil. à café de graines de fenugrec, légèrement concassées

2 cuil. à café de cumin en poudre

25 g de menthe

15 g de coriandre

3 cuil. à soupe d'huile d'olive

1 belle épaule d'agneau (2 kg)

1 céleri-rave, pelé et coupé en quartiers de 3 cm de large (850 g)

5 grosses carottes, pelées et coupées en deux dans la largeur (600 g)

2 têtes d'ail, coupées en deux dans la largeur

Sel et poivre noir

Bouchées d'agneau à la pistache, sauce au yaourt et au sumac

Ces bouchées sont parfaites en guise de collation salée ou en amuse-bouches lors de vos barbecues. Si vous voulez en faire un plat à part entière, servez-les avec de la roquette assaisonnée d'un filet d'huile d'olive, de jus de citron et de copeaux de parmesan. La sauce au yaourt peut se préparer la veille, tout comme les bouchées. Dans ce cas, vous pouvez soit les conserver crues au réfrigérateur et les faire cuire au dernier moment, soit les faire cuire au maximum 6 heures à l'avance et les faire réchauffer 5 minutes avant de servir. Les restes pourront être finis le lendemain, réchauffés ou à température ambiante.

1. Mélangez tous les ingrédients de la sauce et réservez.

2. Pour les bouchées, mixez les pistaches quelques secondes dans un petit robot pour les hacher grossièrement, puis débarrassez dans un cul-de-poule. Versez ensuite la roquette dans le bol du même robot, mixez et débarrassez dans le même cul-de-poule. Enfin, mixez l'ail et l'oignon en purée et débarrassez avec la roquette et les pistaches. Ajoutez la viande hachée dans le cul-de-poule, ainsi que 1 cuillère à soupe d'huile, ¾ de cuillère à café de sel, quelques tours de moulin à poivre et mélangez. Humidifiez vos mains et, avec la farce obtenue, façonnez 20 bouchées d'environ 40 g chacune, de 5 cm de diamètre et de 2 cm d'épaisseur.

3. Dans une grande poêle antiadhésive, mettez 1 cuillère à soupe d'huile à chauffer sur feu moyen. Faites revenir les bouchées environ 7 minutes, en les retournant une fois à mi-cuisson. En fin de cuisson, elles doivent être joliment dorées à l'extérieur et cuites à cœur. Gardez la première fournée au chaud et répétez l'opération avec les bouchées restantes, en ajoutant si besoin 1 cuillère à soupe d'huile dans la poêle. Quand toutes vos bouchées sont prêtes, dressez-les sur un grand plat de service, avec la sauce au yaourt et au sumac à proximité.

Pour 4 personnes en plat principal, ou 6 en amuse-bouches (soit env. 20 bouchées)

60 g de pistaches décortiquées

25 g de roquette

1 oignon, coupé en quatre (150 g)

1 grosse gousse d'ail, pelée

500 g de viande d'agneau hachée

Env. 3 cuil. à soupe d'huile d'olive

Sel et poivre noir

SAUCE AU YAOURT ET AU SUMAC

250 g de yaourt à la grecque

1 cuil. à soupe de sumac

1 cuil. à soupe d'huile d'olive

1 cuil. à soupe de jus de citron

Parmentier d'agneau épicé aux haricots blancs

Pour 6 personnes
90 ml d'huile d'olive
3 gousses d'ail, hachées
3 échalions, émincés
600 g d'agneau haché
2 c. à c. de graines de cumin
1 cuil. à soupe de quatre-épices en poudre
2 citrons : 2 c. à c. de zeste
3 cuil. à soupe de double concentré de tomate
45 g de harissa à la rose (ajustez la quantité ; voir p. 301)
100 g d'abricots secs, coupés en quatre
280 ml de bouillon de volaille
220 ml de vin blanc
80 g d'olives vertes dénoyautées, coupées en deux dans le sens de la longueur
670 g de haricots blancs cuits (soit 3 boîtes de 400 g de haricots à égoutter)
4 cuil. à soupe de tahin
Sel et poivre noir

Cette recette s'inspire de la cuisine d'Afrique du Nord, avec sa purée de haricots blancs en lieu et place de la traditionnelle purée de pommes de terre. Vous pouvez démarrer la recette 2 jours à l'avance, mais réservez la cuisson au four pour le jour J. Dans ce cas, pensez à allonger le temps de cuisson de 5 à 10 minutes pour compenser le froid accumulé lors du passage au réfrigérateur. Vous pouvez aussi congeler ce plat pendant 1 mois à la fin de l'étape 1.

1. Dans une grande poêle à fond épais et pour laquelle vous avez un couvercle, mettez 3 cuillères à soupe d'huile à chauffer sur feu moyen-vif et faites revenir l'ail et les échalions 5 minutes, en remuant régulièrement, jusqu'à ce qu'ils soient tendres et dorés. Passez à feu vif et ajoutez l'agneau, les graines de cumin, le quatre-épices, la moitié des zestes de citron et ½ cuillère à café de sel. Laissez colorer 5 minutes, en remuant de temps en temps, puis ajoutez le double concentré de tomate, la harissa et les abricots. Poursuivez la cuisson encore 2 minutes, puis mouillez avec le bouillon et le vin. Baissez le feu (moyen) et laissez mijoter 30 minutes à couvert. Retirez ensuite du feu et laissez tiédir avant d'incorporer les olives. Tapissez le fond d'un plat à gratin de 20 x 25 cm du mélange obtenu et réservez au frais 30 minutes au minimum.

2. Préchauffez le four à 180 °C (chaleur tournante).

3. Pour la purée, versez les haricots blancs dans un cul-de-poule, ainsi que le tahin, le reste des zestes de citron, 2 cuillères à soupe d'huile d'olive, 3 cuillères à soupe d'eau, ¾ de cuillère à café de sel et un tour de moulin à poivre noir. Mélangez, puis écrasez au presse-purée. Étalez la purée sur la couche de viande puis creusez quelques petits puits ici et là à l'aide d'une cuillère. Répartissez la cuillère à soupe d'huile restante sur le dessus et faites gratiner 30 minutes au four. Laissez reposer 10 minutes à température ambiante et servez.

Le poulet rôti d'Arnold, farce aux canneberges et au carvi

Arnold Rogow est un ami d'Ixta Belfrage, un chef qui a contribué à l'élaboration des recettes de ce livre. Ixta ayant une fâcheuse tendance à accorder tout le mérite de ses réalisations à autrui, elle a décidé d'attribuer la paternité de cette recette à Arnold… Vous pouvez préparer la farce et le poulet la veille puis conserver le tout au réfrigérateur pendant la nuit. Le jour J, laissez revenir à température ambiante, puis enfournez comme indiqué.

1. Pour la marinade, faites fondre 30 g de beurre, dans lequel vous incorporerez ensuite la vergeoise, 1 cuillère à soupe de graines de carvi, 2 gousses d'ail écrasées et ½ cuillère à café de sel. Déposez le poulet dans un grand saladier et massez-le avec la marinade avant de réserver.

2. Préchauffez le four à 190 °C (chaleur tournante).

3. Pour la farce, faites fondre 40 g de beurre dans une grande poêle antiadhésive à feu moyen-vif. Torréfiez 2 cuillères à café de graines de carvi pendant 2 minutes jusqu'à ce qu'elles exhalent leur parfum, puis ajoutez tout l'ail restant, le céleri, l'oignon, les canneberges, les châtaignes et 1 cuillère à café de sel. Laissez dorer 12 à 13 minutes, en remuant régulièrement. Débarrassez dans un cul-de-poule, puis ajoutez les croûtons, le persil et mouillez avec le bouillon de volaille. Mélangez.

4. Déposez le poulet dans un petit plat à four. Saupoudrez d'une grosse pincée de sel, donnez quelques tours de moulin à poivre et farcissez la volaille avec la préparation précédente.

5. Enfournez la volaille pour 70 à 75 minutes, en arrosant environ toutes les 20 minutes. En fin de cuisson, la peau doit être bien dorée et croustillante, et le jus qui s'écoule de la cuisse quand on la pique doit être translucide. Sortez la volaille du four et laissez reposer 10 minutes avant de servir.

Pour 4 personnes

70 g de beurre doux

1 cuil. à soupe de vergeoise brune

5 cuil. à café de graines de carvi, torréfiées et légèrement concassées

7 gousses d'ail, écrasées au presse-ail

1 poulet (env. 1,4 kg)

3 à 4 branches de céleri, taillées en mirepoix (300 g)

1 oignon, taillé en mirepoix (140 g)

100 g de canneberges séchées

100 g de châtaignes pelées au feu, grossièrement hachées

1 mélange de 4 à 5 tranches de pain de mie au seigle et de pain au levain, sans la croûte, grillées, puis détaillées en morceaux de 2 cm (100 g)

15 g de persil, haché

120 ml de bouillon de volaille

Sel et poivre noir

Viande

Boulettes de bœuf au citron et au céleri

Pour 4 personnes

400 g de bœuf haché

120 g de mie de pain, hachée (4 tranches)

1 oignon, ciselé (140 g)

20 g de persil, haché, plus un peu pour dresser

1 œuf de gros calibre

¾ de cuil. à café de quatre-épices en poudre

2 cuil. à soupe d'huile d'olive

1 petit céleri-rave, pelé, coupé en quatre, tranché

3 gousses d'ail, hachées

½ cuil. à café de curcuma en poudre

1,5 cuil. à café de graines de fenouil, légèrement concassées

1 cuil. à café de paprika fumé doux

500 ml de bouillon de volaille

3,5 cuil. à soupe de jus de citron

Sel et poivre noir

J'ai coutume de dire que mes plats préférés sont ceux qui sont à la fois réconfortants, surprenants et goûteux. C'est, à mes yeux, le cas de celui-ci (et des boulettes de viande en général) qui, avec sa farce gourmande à base de bœuf haché, rappelle les bons petits plats maison tout en restant original grâce au céleri et au citron. Déjà succulentes en soi, ces boulettes peuvent aussi être servies avec de la semoule ou du riz pour profiter pleinement de la sauce, ou avec une cuillère de yaourt à la grecque. Elles peuvent se préparer la veille, rester la nuit au réfrigérateur et être réchauffées au moment de servir.

1. Dans un saladier, versez la viande hachée et la mie de pain hachées, l'oignon, le persil, l'œuf battu, le quatre-épices, ½ cuillère à café de sel et du poivre (quelques tours de moulin). Mélangez le tout à la main, puis façonnez 20 boulettes d'environ 40 g chacune.

2. Dans une grande sauteuse avec couvercle, mettez l'huile à chauffer sur feu vif. Saisissez les boulettes pendant 5 minutes, en les faisant continuellement circuler dans la poêle pour qu'elles dorent uniformément. Débarrassez dans une assiette et versez le céleri-rave, l'ail et les épices restantes dans la poêle. Laissez cuire 2 minutes à feu vif sans cesser de remuer. Quand l'ail commence à colorer et que les épices se font plus odorantes, remettez les boulettes dans la poêle et mouillez avec le bouillon et le jus de citron. Salez avec ½ cuillère à café de sel et poivrez. Portez à ébullition, puis passez à feu moyen-doux et laissez mijoter 30 minutes à couvert. Retirez ensuite le couvercle et laissez épaissir 10 minutes.

3. Retirez du feu et laissez reposer 5 à 10 minutes avant de servir parsemé de persil.

Boulettes de bœuf à la ricotta et à l'origan

Grâce à la ricotta, ces boulettes sont à la fois légères et moelleuses en bouche. Elles peuvent être préparées la veille, rester la nuit au frais et être réchauffées juste avant de servir.

1. Pour la sauce tomate, mettez 2 cuillères à soupe d'huile à chauffer dans une sauteuse sur feu moyen-vif. Faites revenir la moitié des oignons, de l'ail et de l'origan 8 à 10 minutes, en remuant régulièrement. Avant que les oignons ne colorent, ajoutez la pulpe de tomate, la moitié du bouillon, ½ cuillère à café de sel et quelques tours de moulin à poivre. Passez à feu moyen et laissez épaissir 10 à 15 minutes, en remuant de temps en temps.

2. Pendant ce temps, préparez les boulettes : dans un saladier, versez l'autre moitié des oignons, de l'ail et de l'origan, ainsi que la viande et la mie de pain hachées, la ricotta, le parmesan, l'œuf, le persil, ¾ de cuillère à café de sel et du poivre noir. Mélangez le tout à la main et façonnez 12 à 14 boulettes.

3. Mettez 1 cuillère à soupe d'huile à chauffer dans une grande poêle, puis faites dorer la moitié des boulettes pendant 8 minutes, en les faisant circuler dans la poêle. Débarrassez dans une assiette et répétez l'opération avec une nouvelle cuillère d'huile et le reste des boulettes.

4. Glissez la totalité des boulettes dans la sauce et mouillez quasi à hauteur avec le reste du bouillon (si besoin, vous pouvez également ajouter un peu d'eau). Laissez mijoter 30 minutes à couvert sur feu moyen-doux, puis retirez le couvercle et passez à feu moyen jusqu'à obtenir une sauce épaisse comme une sauce bolognaise. Retirez du feu et laissez reposer minimum 10 minutes. Parsemez d'origan et servez.

Pour 4 personnes
60 ml d'huile d'olive
2 gros oignons, hachés (330 g)
4 gousses d'ail, hachées
20 g de feuilles d'origan, hachées, plus quelques unes pour le dressage
1 boîte de 400 g de pulpe de tomate en dés
500 ml de bouillon de volaille
500 g de bœuf haché
100 g de mie de pain, hachée (soit 3 à 4 tranches)
250 g de ricotta
60 g de parmesan, râpé
1 œuf de gros calibre, battu
20 g de persil, haché
Sel et poivre noir

Photo sur la double-page suivante

Faux-filet épicé, sauce poivron-citron

Si le fait de rester en cuisine quand vos convives sont présents vous frustre, cette recette est pour vous ! La sauce poivron-citron peut se préparer intégralement la veille, tout comme la viande qui peut être mise à mariner, puis cuite 24 h à l'avance. Gardez ensuite tous les éléments au réfrigérateur dans des contenants séparés et pensez simplement à les sortir à température ambiante avant de les faire réchauffer. Et si vous manquez d'inspiration pour l'accompagnement, je vous conseille les frites au four à la feta et à l'origan de la p. 138 et une salade verte bien croquante : combinaison gagnante assurée !

Pour 4 personnes

- **2 gros faux-filets**, parés (600 g)
- **23 g de harissa à la rose** (ajustez la quantité selon la variété choisie ; voir p. 301)
- **2 gros poivrons rouges ou jaunes** (400 g)
- **2 cuil. à soupe d'huile d'olive**
- **1 gousse d'ail**, hachée
- **1 boîte de 400 g de pulpe de tomate en dés**
- **½ cuil. à café de piment en flocons**
- **¼ de cuil. à café de paprika**
- **1 petit citron confit**, épépiné, chair et peau grossièrement hachées (25 g)
- **10 g de persil**, haché, plus quelques grammes pour le dressage
- **1 citron**, coupé en quatre, pour le dressage
- **Fleur de sel et poivre noir**

Viande

1. Déposez les faux-filets dans un saladier et massez-les avec la harissa, ½ cuillère à café de fleur de sel et quelques tours de moulin à poivre (si vous préférez, vous pouvez aussi utiliser un pinceau de cuisine). Laissez mariner au minimum 1 heure à température ambiante ou toute la nuit au réfrigérateur. Si vous optez pour la seconde solution, n'oubliez pas de laisser la viande revenir à température ambiante avant de démarrer la cuisson.

2. Pour la sauce, préchauffez votre gril à température maximale et faites griller les poivrons pendant 20 à 25 minutes, en les retournant à deux reprises pour qu'ils soient bien marqués sur toutes les faces. Débarrassez dans un saladier, filmez et laissez tiédir quelques minutes. Pelez ensuite les poivrons et détaillez-les en fines lanières (jetez les pépins et la peau).

3. Dans une poêle de taille moyenne, mettez l'huile à chauffer sur feu moyen, puis faites revenir l'ail pendant environ 1 minute avant d'ajouter la pulpe de tomate, le piment en flocons, le paprika, ½ cuillère à café de fleur de sel et du poivre noir. Laissez mijoter 7 minutes, puis ajoutez les lanières de poivrons, le citron confit et le persil. Poursuivez la cuisson encore 7 minutes, jusqu'à ce que la sauce épaississe (attention à ce qu'elle reste tout de même liquide). Retirez du feu et laissez revenir à température ambiante.

4. Dans une poêle très chaude, saisissez les faux-filets 4 à 5 minutes, en les retournant une fois à mi-cuisson, jusqu'à ce qu'ils soient bien marqués sur les deux faces. Débarrassez, assaisonnez avec une grosse pincée de fleur de sel et laissez reposer 10 minutes.

5. Servez le bœuf chaud ou à température ambiante, détaillé en tranches de 1 cm d'épaisseur. Nappez de sauce (ou dressez-la à côté), parsemez de persil et servez avec les quartiers de citron.

Poulet rôti au citron

Je ne suis pas le premier – et je ne serai certainement pas le dernier – à parier sur l'association citron/ail/poulet, mais il est parfois bon de se rappeler que, si les classiques sont devenus des classiques, c'est pour une bonne raison. Le poulet rôti est le plat facile par excellence : à la portée de tous et demandant très peu d'efforts de la part du cuisinier, il embaume la maison une fois au four et ravit petits et grands. La volaille peut être préparée 4 à 5 heures à l'avance si vous le souhaitez, mais réservez la cuisson pour le dernier moment.

Pour 4 personnes
70 g de beurre doux, à température ambiante
3 cuil. à soupe de thym
3 gousses d'ail, écrasées au presse-ail
1 petit citron confit, épépiné, chair et peau grossièrement hachées (30 g)
1 citron : le zeste entier, et 1,5 cuil. à soupe de jus
1 poulet moyen élevé en plein air (1,5 kg)
Sel et poivre noir

1. Préchauffez le four à 190 °C (chaleur tournante).

2. Dans un robot, mixez le beurre avec le thym, l'ail, le citron confit, le zeste de citron, ¼ de cuillère à café de sel et quelques tours de moulin à poivre.

3. Positionnez le poulet devant vous (pilons pointés vers vous) et détendez la peau pour pouvoir contiser la volaille. Étalez les deux tiers du beurre au citron sous la peau, au niveau du bateau. Appliquez le tiers restant sur la peau, principalement sur le bateau (thorax), mais aussi sur les cuisses.

4. Déposez le poulet dans un plat à four assez profond, arrosez de jus de citron et assaisonnez avec ½ cuillère à café de sel et une bonne dose de poivre. Enfournez pour environ 70 minutes, en arrosant toutes les 20 minutes. En fin de cuisson, la peau doit être bien dorée et croustillante, et le jus qui s'écoule de la cuisse quand on la pique doit être translucide.

5. Sortez la volaille du four et laissez reposer 10 minutes avant de servir.

Cuisses de poulet Marbella

Voici un plat que je cuisine souvent quand je reçois, car il peut se réaliser presque entièrement avant l'arrivée des convives : je mets la volaille à mariner au réfrigérateur jusqu'à 2 jours à l'avance et, le moment venu, je n'ai plus qu'à glisser les cuisses dans le plat et à enfourner. Bien sûr, plus vous laissez la volaille mariner, meilleure elle sera mais, si vous manquez de temps, vous pouvez aussi sauter cette étape. Dans ce cas, massez d'abord le poulet avec le sel et le poivre prévus pour la marinade, mélangez-le ensuite avec les autres ingrédients (à l'exception du sel et du poivre donc) et, enfin, enfournez comme indiqué. J'aime utiliser les cuisses dans cette recette, mais certains préféreront les suprêmes (avec l'os), une alternative qui fonctionne très bien aussi. Toute ma reconnaissance va à Julee Rosso et Sheila Lukins, fondatrices du Silver Palate (traiteur new-yorkais d'anthologie), dont je me suis inspiré du poulet Marbella pour créer cette recette.

1. Versez les cuisses de poulet dans un saladier en verre ou en Inox et ajoutez tous les autres ingrédients, sauf le vin et le sirop de dattes. Assaisonnez avec 1 cuillère à café de sel et quelques tours de moulin à poivre noir, puis mélangez délicatement. Filmez et laissez mariner 1 à 2 jours au réfrigérateur, en remuant de temps en temps.

2. Préchauffez le four à 180 °C (chaleur tournante).

3. Déposez les cuisses de poulet (et leur marinade) dans un plat à four, en faisant en sorte qu'elles ne se chevauchent pas. Émulsionnez le vin avec le sirop de dattes et versez sur le poulet. Enfournez pour 50 minutes, en arrosant deux ou trois fois la volaille, jusqu'à ce qu'elle soit dorée à l'extérieur et cuite à point à l'intérieur.

4. Sortez les cuisses du four, dressez-les sur un grand plat de service avec leur jus de cuisson, parsemez de feuilles d'origan frais et servez.

Pour 4 portions généreuses, en plat principal

8 cuisses de poulet, incisées 3 à 4 fois jusqu'à l'os (2 kg)

5 gousses d'ail, écrasées

15 g d'origan frais, plus quelques feuilles pour le dressage

3 cuil. à soupe de vinaigre de vin rouge

3 cuil. à soupe d'huile d'olive

100 g d'olives vertes dénoyautées

60 g de câpres, plus 2 cuil. à soupe de leur jus de conservation

120 g de dattes Medjool, dénoyautées et coupées en quatre dans le sens de la longueur

2 feuilles de laurier

120 ml de vin blanc sec

1 cuil. à soupe de sirop de dattes

Sel et poivre noir

Viande

Poulet au miso, gingembre et citron vert

Pour 6 personnes

8 cuisses de poulet, incisées (1,4 kg)

2 cuil. à soupe d'huile de tournesol

2,5 c. à s. de mirin

2,5 c. à s. de sirop d'érable

2,5 c. à s de sauce soja

80 g de miso blanc

30 g de gingembre frais (env. 4 cm), pelé et râpé finement

3 gousses d'ail, écrasées au presse-ail

1 citron vert : l'écorce et le jus (en totalité)

40 g de tiges de coriandre, coupées en tronçons de 6 cm

2 piments rouges, coupés en deux dans le sens de la longueur

10 cébettes : 8 coupées en deux dans le sens de la longueur et 2 émincées, pour le dressage (120 g)

Sel

Ce plat se déguste aussi bien chaud, dès la sortie du four, avec du riz basmati ou du riz gluant, qu'à température ambiante. Si vous voulez prendre de l'avance en le préparant la veille, réfrigérez-le pour la nuit et, le lendemain, sortez-le 30 minutes avant de servir.

1. Préchauffez le four à 200 °C (chaleur tournante).

2. Dans un saladier, mélangez les cuisses de poulet avec l'huile de tournesol et ¾ de cuillère à café de sel. Réservez.

3. Faites chauffer une grande poêle sur feu moyen-vif, puis colorez la moitié des cuisses de poulet 4 à 5 minutes côté peau. Passez côté chair et poursuivez la cuisson 4 à 5 minutes avant de débarrasser. Répétez l'opération avec le reste des cuisses, en jetant l'excès de gras entre les deux fournées, et réservez.

4. Dans un cul-de-poule, fouettez le mirin avec le sirop d'érable, la sauce soja, le miso, le gingembre, l'ail, l'écorce et le jus de citron vert. Ajoutez les cuisses de poulet et mélangez pour qu'elles s'enrobent bien du mélange. Tapissez le fond d'un plat à four (d'env. 24 x 36 cm) de tiges de coriandre, de piments et des 8 demi-cébettes, puis déposez les cuisses sur le dessus, côté peau vers le haut. Couvrez hermétiquement le plat avec du papier d'aluminium et enfournez pour 20 minutes. Retirez l'aluminium, retournez les cuisses (côté peau vers le bas) et poursuivez la cuisson 30 minutes à découvert, en retournant les cuisses encore une fois au bout de 15 minutes et en arrosant la volaille à deux ou trois reprises. En fin de cuisson, vos cuisses doivent être tendres, légèrement sirupeuses, bien dorées à l'extérieur, et les légumes ne doivent plus offrir de résistance.

5. Au moment de servir, dressez une cuisse de poulet dans chaque assiette et disposez les tiges de coriandre, le piment et les demi-cébettes autour. Arrosez de sauce, saupoudrez de cébettes émincées et servez.

Viande

Porc sauté au gingembre, cébettes et aubergines

La recette qui suit est l'une de mes préférées quand je n'ai pas envie de m'échiner en cuisine. Commencez par réaliser toutes vos découpes de légumes pour vous concentrer ensuite tranquillement sur la cuisson. Sachez que le porc peut même être cuit la veille, à condition de le garder ensuite au réfrigérateur et de le réchauffer le lendemain juste avant de le servir, soit tel quel, soit avec du riz ou des nouilles.

1. Dans un cul-de-poule, enrobez les aubergines de 1,5 cuillère à café de sel, puis déposez-les dans un panier vapeur (ou, à défaut, dans une passoire). Réservez.

2. Versez 3 cm d'eau dans une grande casserole et portez à ébullition sur feu vif. Déposez le panier vapeur (ou la passoire) sur la casserole et fermez hermétiquement avec le couvercle ou une feuille de papier d'aluminium pour empêcher la vapeur de s'échapper. Passez à feu moyen-vif et laissez cuire 12 minutes. Retirez du feu et réservez.

3. Pendant que les aubergines cuisent, mettez la moitié de huile d'arachide à chauffer dans une grande sauteuse sur feu vif, puis faites sauter les cébettes, le gingembre, l'ail et le piment pendant 5 minutes, en remuant régulièrement. Débarrassez dans un cul-de-poule dès que l'ail commence à colorer. Versez le restant d'huile dans la sauteuse et faites revenir le porc haché 3 minutes en l'aidant à s'émietter avec une cuillère en bois. Déglacez avec le mirin, la sauce soja, le Keçap Manis, l'huile de sésame et le vinaigre de riz. Ajoutez ½ cuillère à café de sel et laissez cuire 2 minutes avant de reverser les cébettes dans la sauteuse. Poursuivez la cuisson encore 1 minute (pas d'inquiétude si le liquide ne s'est pas évaporé, c'est normal !) et incorporez 10 g de coriandre et les cacahuètes. Servez avec les aubergines, des graines de sésame et le reste de coriandre parsemé sur le dessus.

Pour 4 personnes

3 aubergines, coupées en cubes de 3 cm (950 g)
60 ml d'huile d'arachide
2 ou 3 bottes de cébettes, taillées en tronçons biseautés de 3 cm (250 g)
60 g de gingembre (env. 7 cm), pelé et taillé
4 gousses d'ail, pelées et émincées
1 piment vert, émincé (non épépiné)
500 g de viande de porc hachée
3 cuil. à soupe de mirin
2 cuil. à soupe de sauce soja foncée
2 cuil. à soupe de Keçap Manis
1 cuil. à café d'huile de sésame
1,5 cuil. à soupe de vinaigre de riz
15 g de coriandre, hachée
60 g de cacahuètes grillées salées
1 cuil. à soupe de graines de sésame, torréfiées
Sel

Photo sur la double-page suivante

Aiguillettes de poulet panées aux graines

Si vous vous découvrez une passion pour ce plat ultra simple à réaliser – et il y a de grandes chances que cela arrive –, doublez les quantités de chapelure aux graines. Ce mélange se conserve 1 mois dans une boîte hermétique et, outre la volaille, il peut servir à paner des petits filets de poisson blanc ou des bâtonnets de courge butternut pour un résultat tout aussi savoureux.

1. Déposez les aiguillettes de poulet entre deux feuilles de film alimentaire et, à l'aide d'un rouleau à pâtisserie, aplatissez-les une par une jusqu'à ce qu'elles fassent environ 1 cm d'épaisseur.

2. Dans un premier cul-de-poule, mélangez la farine avec ¼ de cuillère à café de sel et quelques tours de moulin à poivre noir.

3. Dans un deuxième cul-de-poule, versez les œufs battus.

4. Dans un troisième cul-de-poule, mélangez le panko avec toutes les graines, le curcuma, le piment de Cayenne et ¾ de cuillère à café de sel.

5. Trempez une première aiguillette dans la farine – tapotez pour retirez l'excédent –, puis dans l'œuf, et enfin dans la chapelure aux graines. Répétez l'opération avec toutes les aiguillettes.

6. Versez 0,5 cm d'huile dans une grande poêle que vous ferez chauffer sur feu moyen. Faites frire les aiguillettes quatre par quatre pendant 5 à 6 minutes, en les retournant une fois à mi-cuisson. En fin de cuisson, elles doivent être bien dorées sur les deux faces et cuites à cœur. Débarrassez sur une assiette tapissée de papier absorbant et répétez l'opération avec les aiguillettes restantes. Servez chaud, avec des quartiers de citron.

Pour 4 personnes

4 filets de poulet, détaillés en 3 aiguillettes chacun (600 g)

50 g de farine

2 œufs, légèrement battus

80 g de panko

60 g de graines de sésame blanc

25 g de graines de sésame noir (ou blanc si vous n'avez pas de noir sous la main)

40 g de graines de tournesol, hachées

1,5 cuil. à soupe de graines de coriandre, concassées

1 cuil. à café de curcuma en poudre

½ cuil. à café de piment de Cayenne

Env. 100 ml d'huile de tournesol, pour la friture

1 citron, coupé en quatre, pour le dressage

Sel et poivre noir

Viande

Mijoté de poulet au chocolat et son croustillant de maïs

Pour 6 personnes

3 cuil. à soupe d'huile d'olive

3 oignons rouges, émincés (500 g)

2 gousses d'ail, hachées

60 g de harissa à la rose (ajustez la quantité selon la variété choisie ; voir p. 301)

2 cuil. à café de paprika fumé doux

850 g de hauts de cuisse de poulet, sans la peau, désossés (soit env. 9 à 10 hauts de cuisse)

200 ml de coulis de tomate

5 belles tomates, coupées en quatre (400 g)

200 g de poivrons (rouges) grillés en conserve, égouttés et coupés en tronçons de 2 cm

15 g de chocolat noir à 70 % de cacao

20 g de coriandre, hachée

Sel et poivre noir

Parfait quand l'automne arrive, ce plat n'a besoin de rien de plus que d'une salade verte bien croquante pour faire un succulent repas. En soi, le poulet mijoté a déjà beaucoup de goût, mais on peut varier les plaisirs en le servant à la façon d'un hachis Parmentier, avec unbon croustillant au maïs sur le dessus, plus léger (et sans gluten !) que la traditionnelle purée de pommes de terre.

Le poulet peut se préparer bien à l'avance et se conserver soit 3 jours au réfrigérateur, soit 1 mois au congélateur. Si vous prenez cette dernière option, pensez à le laisser décongeler avant de l'enfourner.

Le croustillant, quant à lui, ne peut se préparer qu'au dernier moment et ne doit être étalé sur la volaille que juste avant d'enfourner. Une autre solution consiste à préparer le plat dans son intégralité quelques heures avant le dîner et à le réchauffer simplement 10 minutes au four avant de passer à table (en le protégeant avec une feuille de papier d'aluminium pour limiter la coloration). Pour ma part, j'adore l'association du poulet avec le maïs. Si vous préférez, vous pouvez aussi servir votre mijoté avec du riz, dans un wrap ou sur une pomme de terre au four.

1. Dans une grande sauteuse avec couvercle, mettez l'huile à chauffer sur feu moyen-vif. Faites rissoler les oignons 8 à 9 minutes, en remuant une ou deux fois, jusqu'à ce qu'ils soient tendres et dorés. Passez à feu moyen et ajoutez l'ail, la harissa, le paprika, le poulet, 1 cuillère à café de sel et quelques tours de moulin à poivre noir. Laissez cuire 5 minutes en remuant régulièrement, puis ajoutez le coulis de tomate et les tomates. Mouillez avec 350 ml d'eau, portez à ébullition, puis laissez mijoter 30 minutes à couvert en remuant de temps en temps.

2. Ajoutez les poivrons, le chocolat noir et poursuivez la cuisson 35 à 40 minutes sans le couvercle. Remuez régulièrement et stoppez la cuisson quand la sauce vous paraît bien épaisse et que la chair du poulet s'effiloche facilement. Incorporez la coriandre hors du feu. Si vous servez votre poulet tel quel, sous forme de mijoté, passez au dressage (ou congelez-le après l'avoir laissé revenir à température ambiante). En revanche, si vous voulez le servir façon Parmentier, versez-le dans un plat à gratin en céramique d'environ 20 x 30 cm et réservez.

3. Préchauffez le four à 180 °C (chaleur tournante).

4. Dans un robot, mixez le maïs quelques secondes avec le beurre, le lait, les jaunes d'œufs et ¾ de cuillère à café de sel. Arrêtez de mixer dès que vous obtenez la consistance d'un coulis épais et débarrassez dans un saladier. Dans un cul-de-poule, montez les blancs d'œufs au bec d'oiseau, puis incorporez-les délicatement dans le coulis de maïs. Cessez de mélanger dès que votre appareil est homogène et étalez sur le poulet.

5. Faites gratiner 35 minutes au four en surveillant la cuisson au bout de 25 minutes. Si le dessus vous semble colorer trop vite, recouvrez d'une feuille de papier d'aluminium pour les 10 dernières minutes. Sortez du four et laissez tiédir 10 minutes avant de servir.

CROUSTILLANT DE MAÏS

500 g de grains de maïs, frais (soit env. 4 gros épis) ou en boîte, égouttés

70 g de beurre doux, fondu

3 cuil. à soupe de lait entier

3 œufs, blancs et jaunes séparés

Photo sur la double-page suivante

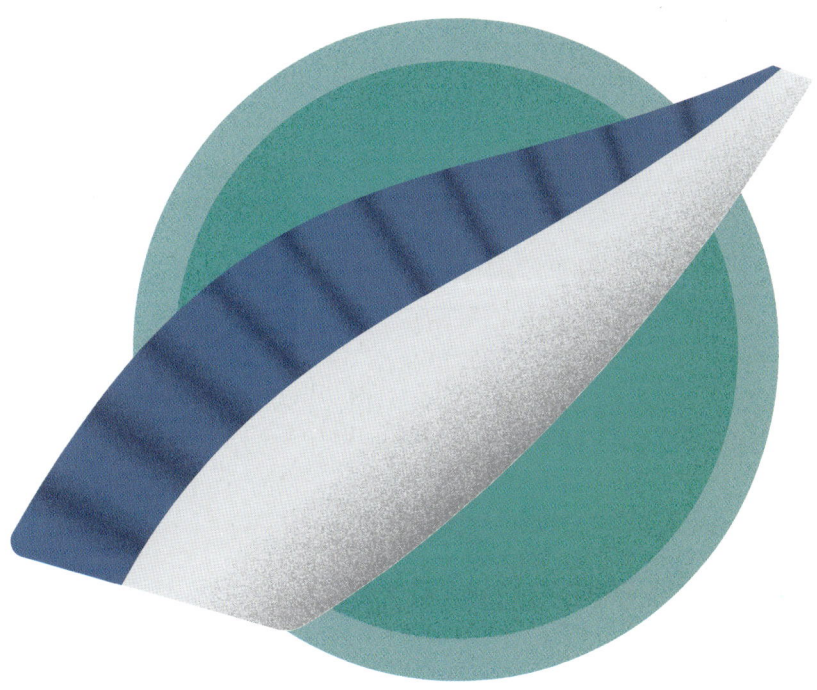

Poisson

Tartare de truite au beurre noisette et aux pistaches

La réussite d'un bon tartare repose exclusivement sur la qualité et la fraîcheur des produits utilisés. Ainsi, choisissez une truite aussi fraîche que possible, des pistaches de première qualité – goûtez-les toujours préalablement pour vérifier qu'elles n'ont pas ranci – et de la fleur de sel plutôt que du sel de table. Pour ceux qui veulent aller encore plus loin, les pistaches d'Iran taillées en bâtonnets apporteront de l'élégance et de la couleur au plat avec leur belle robe vert vif mais, si vous n'en trouvez pas, les pistaches classiques, décortiquées et hachées, feront aussi très bien l'affaire. Bien qu'il soit très facile à réaliser, vous verrez que ce plat fait toujours sensation quand il arrive sur la table.

1. Dans un bol, massez l'échalote avec le sucre, 2 cuillères à soupe de jus de citron, ½ cuillère à café de fleur de sel et quelques tours de moulin à poivre, puis réservez.

2. Dans un cul-de-poule, mélangez les cubes de truite avec l'huile d'olive, le zeste de citron, les 2 dernières cuillères à café de jus de citron, 1,5 cuillère à café de fleur de sel et quelques tours de moulin à poivre. Laissez mariner 30 minutes – pas plus, sinon l'acidité du citron risque de surcuire le poisson.

3. Juste avant de dresser, versez le beurre et les graines de cumin dans une petite casserole sur feu moyen. Laissez fondre gentiment pendant env. 5 minutes, en faisant circuler le beurre dans la casserole. Quand il commence à mousser, prendre une belle couleur ambrée et exhaler des parfums de noisettes et de caramel, retirez du feu.

4. Dressez les cubes de truite dans quatre assiettes et ajoutez les échalotes (sans leur liquide résiduel) sur le dessus. Parsemez de pistaches, d'estragon et arrosez de beurre noisette au cumin. Ajoutez une pincée de fleur de sel et servez aussitôt.

Pour 4 personnes en entrée

1 échalote, émincée (30 g)

½ cuil. à café de sucre semoule

2 citrons : 2 cuil. à café de zeste et 40 ml de jus

4 filets de truite, sans la peau, désarétés et détaillés en cubes de 1,5 cm (360 g)

1 cuil. à café d'huile d'olive

25 g de beurre doux

½ cuil. à café de graines de cumin

20 g de pistaches décortiquées, hachées et torréfiées

5 g de feuilles d'estragon, ciselées

Fleur de sel et poivre noir

Poisson

Filet de maquereau, sauce vierge pistache et cardamome

Servi tel quel en entrée ou accompagné de riz aux herbes en plat principal, ce plat estival fait toujours forte impression ; mais ce que personne ne sait, c'est que le préparer est un jeu d'enfant !

Pour 4 personnes en entrée, ou pour 2 en plat principal

8 capsules de cardamome (ou ½ cuillère à café de cardamome en poudre)

4 filets de maquereau avec la peau, désarêtés (260 g)

25 g de gingembre (env. 3 cm), pelé

30 g de crème fleurette entière

30 g de crème aigre ou fraîche

15 g de coriandre, ciselée

10 g de feuilles de basilic, ciselées

25 g de pistaches décortiquées, torréfiées et hachées

2 citrons verts : 1 cuil. à café de zeste et 1 cuil. à soupe de jus, plus des quartiers pour le dressage

1 piment vert, épépiné et taillé en brunoise

50 ml d'huile de tournesol

Sel

1. Avec le plat d'un couteau, écrasez les capsules de cardamome pour libérer les graines. Jetez les capsules, puis pilez les graines dans un mortier pour obtenir ½ cuillère à café de poudre. Si vous démarrez votre recette avec de la cardamome en poudre, passez directement à l'étape suivante.

2. Mélangez une grosse pincée de cardamome (environ ¼ de ce que vous avez moulu) avec une pincée de sel et frottez le poisson avec ce mélange sur les deux faces. Réservez jusqu'au moment de passer à la poêle.

3. Râpez finement le gingembre, puis foulez-le dans une passoire fine de façon à récupérer 1 cuillère à café de jus. Jetez la pulpe et réservez le jus.

4. À l'aide d'une fourchette (ou d'un petit fouet, si vous avez), fouettez la crème fleurette jusqu'à ce qu'elle soit ferme. Ajoutez la crème aigre, le jus de gingembre, une petite pincée de sel et mélangez délicatement. Réservez au réfrigérateur.

5. Pour la sauce vierge, mélangez dans un bol les herbes avec le zeste et le jus de citron vert, les pistaches, le reste de poudre de cardamome, le piment, 20 ml d'huile de tournesol et 1 grosse pincée de sel. Réservez.

6. Juste avant de passer à table, faites chauffer 2 cuillères à soupe d'huile de tournesol dans une grande poêle à feu vif. Déposez les filets de maquereau dans l'huile bien chaude et saisissez-les 2 minutes côté peau, en les maintenant bien à plat à l'aide d'une spatule. Dès que la peau croustille, retournez les filets et poursuivez la cuisson env. 1 minute côté chair.

7. Déposez un filet de maquereau par assiette, avec un quart de crème au gingembre et un quart de sauce vierge. Servez chaud, avec des quartiers de citron vert.

Poisson

Le saumon grillé, sauce aux pignons de Bridget Jones

Pour 4 personnes (divisez les quantités par deux si, comme Patrick Dempsey, vous prévoyez ce plat pour un rendez-vous amoureux)

100 g de raisins de Corinthe

4 pavés de saumon, avec la peau, désarêtés (500 g)

100 ml d'huile d'olive

4 branches de céleri, sans leurs feuilles (à garder pour le dressage) et taillées en mirepoix (180 g)

30 g de pignons de pin, grossièrement hachés

40 g de câpres, plus 2 cuil. à soupe de leur jus de conservation

40 g d'olives vertes (8), dénoyautées et taillées en mirepoix

¼ de cuil. à café de stigmates de safran, délayés dans 1 cuil. à soupe d'eau chaude

20 g de persil, haché

1 citron : 1 cuil. à café de zeste et 1 cuil. à café de jus

Sel et poivre noir

Dans Bridget Jones Baby *– le troisième volet de la saga –, le personnage incarné par Patrick Dempsey confie à Bridget que s'ils avaient pu avoir un second rendez-vous, il l'aurait emmenée « chez Ottolenghi » pour manger un « saumon grillé, avec une sauce aux pignons, inoubliable et bon pour la santé » ! Si, au premier abord, cette réplique passe pour un banal placement produit, ce n'est en fait pas du tout le cas, puisque ce plat ne figurait même pas sur notre carte au moment de la sortie du film ! Cette recette a donc été créée pour répondre à ce clin d'œil.*

1. Réhydratez les raisins de Corinthe en les mouillant à hauteur avec de l'eau bouillante et laissez gonfler 20 minutes pendant que vous poursuivez la recette.

2. Enrobez les pavés de saumon de 2 cuillères à café d'huile d'olive, ⅓ de cuillère à café de sel et quelques tours de moulin à poivre. Réservez le temps de préparer la sauce.

3. Mettez 75 ml d'huile d'olive à chauffer dans une grande sauteuse à feu vif et faites revenir les dés de céleri et les pignons 4 à 5 minutes, en remuant régulièrement. Stoppez la cuisson dès que les pignons commencent à colorer. Hors du feu, incorporez les câpres et leur jus, les dés d'olives, le safran et son eau, et une pincée de sel. Égouttez les raisins, puis ajoutez-les également, ainsi que le persil, les zestes et le jus de citron. Réservez.

4. Mettez 1 cuillère à soupe d'huile à chauffer dans une grande poêle à feu moyen-vif, puis saisissez les pavés de saumon 3 minutes côté peau. Quand la peau vous semble bien croustillante, baissez le feu (moyen) et poursuivez la cuisson côté chair pendant 2 à 4 minutes, selon si vous aimez votre saumon nacré ou bien cuit.

5. Dressez un pavé de saumon dans chaque assiette et arrosez généreusement de sauce aux pignons. Parsemez de feuilles de céleri et servez.

Poisson

Truite rôtie, tomates, orange et baies d'épine-vinette

Simple et rapide à réaliser, ce plat peut aisément se préparer les soirs de semaine, mais il peut aussi faire forte impression le week-end, quand vous voulez régaler vos amis. Les proportions étant très faciles à doubler ou tripler, ce plat est particulièrement adapté aux grandes tablées. Si vous voulez prendre de l'avance, préparez la sauce la veille et conservez-la au réfrigérateur jusqu'au moment de servir. Côté garniture, inutile d'aller chercher trop loin : une simple salade de pommes de terre ou quelques cuillères de riz suffiront amplement à sublimer ce plat déjà très riche en saveurs.

Pour 2 personnes

150 g de tomates cerise, coupées en quatre

1 orange : 1 cuil. à café de zeste et 1 cuil. à soupe de jus

2 citrons verts : 1 cuil. à soupe de jus et des quartiers pour le dressage

1,5 cuil. à café de sirop d'érable (ou de miel)

1,5 cuil. à soupe de baies d'épine-vinette (ou de raisins de Corinthe macérés dans 1 cuil. à soupe de jus de citron)

1 cuil. à café de graines de fenouil, torréfiées et concassées

1 cuil. à soupe d'huile d'olive

70 g de beurre doux

1 petite gousse d'ail, hachée

2 truites, entières, vidées et écaillées (n'hésitez pas à mettre votre poissonnier à contribution !) (700 g)

10 g de feuilles de coriandre, ciselées

Sel et poivre noir

Poisson

1. Préchauffez le four à 230 °C (chaleur tournante).

2. Pour la sauce, versez les tomates cerise dans un cul-de-poule avec les zestes et les jus d'orange et de citron vert, le sirop d'érable, les baies d'épine-vinette, les graines de fenouil, l'huile d'olive, 1 grosse pincée de sel et quelques tours de moulin à poivre. Mélangez et réservez.

3. Dans une petite poêle, faites fondre gentiment le beurre avec l'ail sur feu moyen. Déposez les truites sur une plaque à four en les espaçant suffisamment pour qu'elles ne se touchent pas. Salez sur les deux faces, ainsi qu'à l'intérieur (¼ de cuillère à café de sel). Versez ensuite le beurre à l'ail sur les poissons, en prenant soin de bien le répartir. Enfournez jusqu'à ce que les truites soient juste cuites (18 à 20 min), en arrosant une fois à mi-cuisson.

4. Servez directement dans le plat de cuisson ou dressez dans des assiettes, arrosées de jus de cuisson. Incorporez la coriandre dans la sauce et nappez les poissons. Servez aussitôt avec des quartiers de citron vert.

Flétan à la tomate et au piment, sauce sésame

Pour 4 personnes

800 g de flétan (ou autre poisson blanc à chair ferme) : soit 4 darnes (sur l'arête), soit 4 filets, sans peau ni arêtes

60 ml d'huile d'olive

1 à 2 piments rouges, coupés en tronçons de 2 cm

3 gousses d'ail, émincées

1 cuil. à café de graines de carvi, plus ¼ de cuil. à café pour le dressage

1 piment ancho séché, détaillé en morceaux de 5 cm (ou 1 cuil. à café de paprika fumé doux)

1 kg de tomates Roma, taillées en mirepoix

2 cuil. à soupe de double concentré de tomate

½ cuil. à café de sucre semoule

5 g de feuilles de coriandre, hachées, pour le dressage

Sel

SAUCE SÉSAME

50 g de tahin

1 c. à s. de jus de citron

Rares sont les recettes que la sauce sésame ne sublime pas. Dans celle-ci, le tahin vient contrebalancer la force du piment et apporte une touche d'onctuosité toujours bienvenue. Quand je prépare ce plat, je double généralement les proportions de sauce tomate et garde l'excédent 1 semaine au réfrigérateur (ou 1 mois au congélateur) dans l'optique de refaire ce plat ou d'accompagner mes futures préparations à base de poulet ou de légumes grillés. Sachez que la sauce sésame peut se préparer 3 jours à l'avance et se conserver elle aussi au réfrigérateur.

1. Assaisonnez le poisson avec ⅓ de cuillère à café de sel et réservez.

2. Mettez l'huile à chauffer à feu moyen-vif dans une grande sauteuse pour laquelle vous avez un couvercle. Faites revenir les piments 2 minutes, en remuant régulièrement. Ajoutez l'ail, les graines de carvi, le piment ancho et laissez cuire encore 1 minute, le temps que l'ail colore. Ajoutez les tomates, le double concentré, le sucre et ½ cuillère à café de sel. Portez à ébullition, puis baissez le feu (moyen) et laissez épaissir 15 minutes, en remuant de temps en temps. Déposez les filets ou darnes de poisson dans la sauce et laissez mijoter 10 minutes à couvert.

3. Pour la sauce sésame, mélangez le tahin avec le jus de citron, 60 ml d'eau et 1 grosse pincée de sel.

4. Au moment de servir, ôtez le couvercle de la sauteuse, sortez délicatement le poisson de la poêle et réservez au chaud. Si le poisson a rendu trop d'eau et que votre sauce vous semble trop liquide, passez à feu vif et laissez réduire autant que nécessaire. Goûtez et rectifiez l'assaisonnement si besoin.

5. Dressez le poisson et la sauce tomate sur un plat de service. Arrosez de sauce sésame, parsemez de coriandre et servez.

Bâtonnets de poisson à la noix de coco

Pour 4 personnes

2 cuil. à soupe de jus de citron vert

60 ml de crème de coco

500 g d'églefin (ou autre poisson blanc à chair ferme), sans peau ni arêtes, détaillé en environ 12 bâtonnets de 3 x 10 cm

200 g de chair de noix de coco fraîche (soit 1 noix de coco de taille moyenne), grossièrement râpée (ou 150 g de noix de coco râpée en sachet)

20 g de panko

1 cuil. à café de piment en flocons

60 g de beurre doux, fondu

1 citron vert, coupé en quatre, pour le dressage

Sel

Excellente alternative aux traditionnels poissons panés, ces bâtonnets sont toujours bien accueillis par les enfants. Le piment en flocons n'est que moyennement piquant, mais n'hésitez pas à réduire la quantité ou à l'éliminer complètement si vous avez peur qu'il en rebute certains. Un grand merci à Jamie Kirkaldy pour avoir inspiré cette recette à Esme.

1. Dans un cul-de-poule, mélangez le jus de citron vert, la crème de coco et ¼ de cuillère à café de sel, puis plongez les bâtonnets de poisson dans cette marinade et réservez au réfrigérateur environ 1 heure (pas plus, sinon la chair du poisson perdra en tenue). Retirez un maximum de crème en raclant les bâtonnets, puis réservez.

2. Mettez une grande poêle à chauffer sur feu moyen-vif, puis faites blondir la noix de coco fraîche 6 à 7 minutes (ou 2 à 3 minutes, si vous avez opté pour de la noix de coco en sachet), en remuant de temps en temps. Versez dans un saladier peu profond et laissez tiédir. Une fois à température ambiante, ajoutez le panko, le piment en flocons, ½ cuillère à café de sel et mélangez.

3. Au moment de passer à la cuisson, réglez votre gril à température maximale.

4. Trempez un bâtonnet de poisson dans le beurre fondu, puis roulez-le dans la chapelure à la coco jusqu'à ce qu'il soit enrobé de toutes parts. Déposez sur une grille, au-dessus d'une grande plaque chemisée avec du papier sulfurisé. Répétez l'opération avec tous les bâtonnets.

5. Passez au gril (en laissant un espace d'environ 20 cm entre le poisson et la source de chaleur pour ne pas brûler la chair) et laissez dorer 5 à 6 minutes, en les retournant (délicatement !) à mi-cuisson. Si les bâtonnets ne sont pas tout à fait cuits mais que votre chapelure est déjà bien dorée, laissez-les 2 à 3 minutes dans le four éteint. Dressez avec les quartiers de citron.

Tacos aux croquettes de poisson et à la mangue

Pour 4 personnes (soit 12 tacos)

450 g de filets de plie, sans peau ni arêtes, détaillés en morceaux de 2 à 3 cm

1 gousse d'ail, écrasée au presse-ail

1 œuf de gros calibre

1,5 cuil. à café de graines de cumin, torréfiées, puis pilées

4 citrons verts : l'intégralité du zeste et des quartiers pour le dressage

20 g de feuilles de coriandre, ciselées

120 g de yaourt à la grecque

½ oignon rouge, émincé (40 g)

⅓ de mangue, pelée et taillée en julienne (100 g)

1 piment rouge, épépiné et taillé en julienne (10 g)

3 cuil. à soupe d'huile végétale

12 tortillas de blé ou de maïs, de 15 cm de diamètre, réchauffées

Sel

À la fois simples et ludiques, les tacos sont toujours une bonne idée pour les dîners entre amis. Tous les éléments – la farce à croquettes, la sauce au yaourt, la julienne d'oignon et de mangue – peuvent se préparer la veille et se conserver au réfrigérateur dans des contenants séparés. En procédant ainsi, il ne vous restera plus qu'à faire cuire les croquettes et réchauffer les tortillas 5 minutes avant de passer à table. Les éventuels restes pourront être finis le lendemain. Enfin, si les tacos ne vous disent rien, sachez que ce plat peut aussi se déguster avec des couverts, sans les tortillas.

1. Dans le bol d'un robot, mixez brièvement la chair de poisson avec l'ail, l'œuf, 1 cuillère à café de graines de cumin, les trois quarts des zestes de citron vert et ¾ de cuillère à café de sel, jusqu'à obtenir une farce grossière. Transvasez dans un cul-de-poule, puis ajoutez la moitié de la coriandre et mélangez. Façonnez ensuite 12 boules de farce de 45 g chacune. Laissez les croquettes figer au moins 15 minutes (ou une nuit au maximum) au réfrigérateur.

2. Dans une jatte, versez le yaourt, le reste de graines de cumin, de zestes de citron vert et 1 grosse pincée de sel. Mélangez et réservez.

3. Dans un bol, mélangez l'émincé d'oignon, la julienne de mangue, de piment et réservez.

4. Mettez l'huile à chauffer dans une grande poêle antiadhésive sur feu moyen-vif, et faites dorer les croquettes six par six jusqu'à ce qu'elles soient cuites à cœur, soit 2 à 3 minutes de chaque côté. Débarrassez sur une assiette recouverte de papier absorbant.

5. Servez chaud, avec une croquette coupée en deux par tacos, 1 cuillère de yaourt et la garniture oignon-mangue. Parsemez du reste de coriandre, ajoutez un filet de jus de citron vert et… à table !

Croquettes de poisson fumé au panais

Si vous préparez ces croquettes pour le déjeuner ou le dîner, râpez du raifort (frais) dans un peu de crème aigre ou de crème fraîche en guise de condiment. Pour ce qui est des quantités, j'ai prévu ici deux croquettes par personne, mais certains préfèreront n'en manger qu'une, surtout au petit déjeuner avec un œuf dessus. Pour gagner du temps, vous pouvez les préparer jusqu'à 24 heures à l'avance et les conserver au réfrigérateur jusqu'au dernier moment.

1. Préchauffez le four à 190 °C (chaleur tournante).

2. Dans un cul-de-poule, mélangez les cubes de panais avec 3 cuillères à soupe d'huile et ¼ de cuillère à café de sel, puis étalez-les sur une plaque tapissée de papier sulfurisé. Enfournez pour 30 minutes, jusqu'à ce qu'ils soient dorés à l'extérieur et tendres à l'intérieur. Versez ensuite dans le bol d'un robot et mixez jusqu'à obtenir une purée. Si besoin, ajoutez 1 à 2 cuillères à soupe d'eau, puis mixez à nouveau votre purée quelques secondes pour l'assouplir. Débarrassez dans un saladier et réservez.

3. Versez le haddock dans le bol de votre robot (inutile de le nettoyer avant) et mixez par à-coups pour le hacher grossièrement, puis débarrassez dans le saladier contenant le panais. Ajoutez l'aneth, la ciboulette, l'ail, le zeste de citron, les œufs, 1 cuillère à café de sel, une bonne dose de poivre et mélangez. Façonnez ensuite 12 croquettes d'environ 8 cm de diamètre sur 2 à 3 cm d'épaisseur. Si vous ne souhaitez pas les faire cuire aussitôt, couvrez-les de film alimentaire et réservez au frais (24 h max.).

4. Dans une grande poêle, faites fondre la moitié du beurre dans la moitié de l'huile restante à feu moyen-vif. Quand le beurre commence à mousser, déposez 6 croquettes dans la poêle et faites frire 8 minutes, en les retournant une fois à mi-cuisson. Quand elles sont bien dorées et croustillantes, retirez du feu et réservez au chaud le temps de faire frire les 6 croquettes restantes. Servez aussitôt, avec les quartiers de citron.

Pour 6 personnes
(soit 12 croquettes)

8 panais, pelés et coupés en cubes de 4 cm (600 g)

120 ml d'huile d'olive

560 g de haddock (sans colorant), sans peau ni arêtes, détaillé en morceaux de 4 cm

20 g d'aneth, haché

20 g de ciboulette, hachée

2 gousses d'ail, écrasées au presse-ail

2 citrons : 2 cuil. à café de zeste et des quartiers, pour le dressage

2 œufs de gros calibre, légèrement battus

40 g de beurre doux

Sel et poivre noir

Poisson

Salade de légumes et de gambas grillés

Pour 4 personnes en entrée, ou pour 2 en plat principal

440 g de gambas, décortiquées (en laissant la queue) et châtrées (240 g)

1 cuil. à café d'huile d'olive

1 petit oignon rouge, coupé en quartiers de 1,5 cm de large (120 g)

100 g de maïs en boîte, égoutté

250 g de tomates cerise

1 cuil. à soupe de marjolaine (ou d'origan)

Sel

VINAIGRETTE

15 g de gingembre (env. 2 cm), pelé et haché finement

1 cuil. à soupe de sriracha

1,5 cuil. à soupe d'huile d'olive

1 citron vert : 1 cuil. à café de zeste et 1,5 cuil. à soupe de jus

¼ de cuil. à café de sucre semoule

Ôter la carapace des crevettes et les châtrer est une tâche qui demande un peu de minutie ; aussi, si vous manquez de temps, n'hésitez pas à utiliser des crevettes déjà décortiquées (fraîches ou surgelées, puis décongelées). Sans la queue, ce sera peut-être moins esthétique, mais le goût sera le même. Si vous voulez prendre de l'avance, préparez la sauce jusqu'à 2 jours à l'avance.

1. Dans un bol, mélangez tous les ingrédients prévus pour la vinaigrette, ajoutez 1 pincée de sel et réservez.

2. Mettez une poêle gril à chauffer sur feu vif et aérez votre cuisine en conséquence. Pendant que la poêle chauffe, enrobez les gambas d'huile d'olive, salez (1 pincée) et réservez. Saisissez les quartiers d'oignon 5 minutes dans la poêle en les retournant de temps en temps, jusqu'à ce qu'ils soient bien grillés. Débarrassez dans un saladier, puis faites griller les grains de maïs 2 minutes dans la poêle avant de les débarrasser dans le même saladier que les oignons.

3. Répétez l'opération avec les tomates (3 minutes), en le retournant régulièrement pour qu'elles soient bien marquées sur toutes les faces, puis débarrassez dans le saladier. Pour les crevettes, comptez 4 minutes de cuisson en les retournant une fois à mi-cuisson : elles doivent être bien grillées à l'extérieur, mais également cuites à cœur. Débarrassez dans le saladier de légumes, ajoutez la marjolaine, la vinaigrette et mélangez délicatement avant de servir.

Ragoût d'encornets au poivron rouge

Ce plat en sauce aux saveurs marquées a l'avantage d'engendrer peu de vaisselle et de vous dégager du temps (une trentaine de minutes lui sont nécessaires pour mijoter). À noter qu'il supporte également très bien de rester un jour ou deux au réfrigérateur, alors n'hésitez pas à garder les restes, ils n'en seront que meilleurs ! Côté garniture, servez avec de la semoule, du riz ou simplement avec du pain frais pour saucer à volonté ; une salade verte bien croquante en accompagnement et le tour est joué ! Pour éviter de vous battre avec votre encornet, demandez à votre poissonnier de vous le nettoyer ou rabattez-vous sur des surgelés.

1. Mettez l'huile à chauffer dans une grande sauteuse – avec couvercle – à feu moyen-vif. Faites revenir l'oignon et le poivron rouge 5 minutes avec ⅓ de cuillère à café de sel en remuant de temps en temps. Ajoutez l'ail, les graines de carvi, le quatre-épices et quelques tour de moulin à poivre noir. Poursuivez la cuisson encore 5 minutes, jusqu'à ce que les légumes soient tendres.

2. Ajoutez les tagliatelles d'encornet, laissez cuire 5 minutes, puis ajoutez le double concentré de tomate, les feuilles de laurier et le thym. Poursuivez la cuisson 2 à 3 minutes, puis arrosez de vin. Passez à feu doux et laissez mijoter environ 30 minutes à couvert, en remuant une ou deux fois, jusqu'à ce que l'encornet soit bien tendre. Si la sauce réduit un peu trop en fin de cuisson, n'hésitez pas à la rallonger avec 1 ou 2 cuillères à soupe d'eau. Ajoutez les zestes d'orange juste avant de passer à table, mélangez et servez.

Pour 2 personnes en plat principal, ou pour 4 à l'apéritif

70 ml d'huile d'olive

1 oignon, coupé en rondelles de 1 à 1,5 cm d'épaisseur (160 g)

1 gros poivron rouge, coupé en deux, évidé et épépiné, coupé en lanières de 1 cm de large (150 g)

2 gousses d'ail, émincées

2 cuil. à café de graines de carvi

¾ de cuil. à café de quatre-épices en poudre

1 kg d'encornets, nettoyés, pelés, puis détaillés en tagliatelles de 1,5 cm de large (500 g)

1,5 cuil. à soupe de double concentré de tomate

3 feuilles de laurier

1 cuil. à soupe de feuilles de thym, hachées

150 ml de vin rouge

1 petite orange : ¼ de cuil. à café de zeste (facultatif)

Sel et poivre noir

Poisson

Bar rôti au soja et au gingembre

Servi avec le riz gluant et sa julienne croustillante de la p. 173 et les rapini vapeur à la sauce soja, ail et cacahuètes de la p. 76 (ou autres légumes verts), ce poisson rôti entier fera un merveilleux plat principal pour un repas d'inspiration asiatique. Si vous voulez gagner du temps, préparez le bar quelques heures à l'avance et réservez-le au réfrigérateur : vous n'aurez plus qu'à l'arroser de sauce et à l'enfourner environ 40 minutes avant de passer à table. Mes remerciements à Helen Goh pour cette recette.

Pour 4 personnes

1 bar entier d'env. 45 cm de long, écaillé, vidé et rincé (1 kg)

10 cébettes, parées (160 g)

1 chou blanc, coupé en deux, effeuillé (750 g)

30 g de gingembre (env. 4 cm), pelé et taillé en julienne

1 piment rouge, épépiné et taillé en julienne

75 ml d'huile d'arachide

10 g de coriandre

Fleur de sel

SAUCE

100 ml de bouillon de volaille (ou de légumes)

2 cuil. à soupe d'huile de sésame

2 cuil. à soupe de vin de Shaoxing (ou de vin de Xérès sec)

3,5 cuil. à soupe de sauce soja claire

1 cuil. à soupe de sucre semoule

1. Préchauffez le four à 200 °C (chaleur tournante).

2. Versez tous les ingrédients prévus pour la sauce dans une petite casserole. Portez à ébullition sur feu vif, puis laissez cuire 1 minute, en jouant du poignet pour aider le sucre à se dissoudre. Retirez du feu et réservez.

3. Sur chaque face du bar, réalisez 5 incisions en diagonale d'environ 8 cm de long sur 0,5 cm de profondeur. Massez la première face avec 1 cuillère à café de fleur de sel, puis faites de même avec la seconde et saupoudrez également l'intérieur de ½ cuillère à café de sel. Émincez 2 cébettes et détaillez les 8 autres en tronçons de 5 cm. Réservez dans deux bols différents.

4. Au fond d'un grand plat (ou plaque) à four, dressez un lit de feuilles de chou et de tronçons de cébettes, sur lequel vous déposerez le bar en biais avant de le parsemer de gingembre. Arrosez de sauce, puis recouvrez hermétiquement le plat de papier d'aluminium et enfournez pour 40 minutes, en arrosant le poisson à deux reprises au cours de la cuisson. Pour savoir si votre poisson est cuit, insérez une lame dans l'une des incisions et vérifiez que la chair est opaque et se détache facilement de l'arête. Parsemez de cébettes émincées, de piment, et réservez.

5. Dans une petite casserole, faites chauffer l'huile d'arachide 2 minutes à feu vif. Quand elle commence à fumer, versez précautionneusement sur le poisson pour faire croustiller la peau et les légumes. Parsemez de coriandre et servez aussitôt, soit directement dans le plat de cuisson, soit sur un plat de service. Si vous choisissez la seconde option, retirez délicatement le chou et les cébettes de sous le poisson pour en tapisser le fond du plat de service, puis déposez le bar sur le dessus (en faisant attention de ne pas le casser). Arrosez de jus de cuisson et servez avec la coriandre.

Pétales de cabillaud, pois chiches et harissa à la rose

Pour 4 personnes en tapas ou en accompagnement

200 g de cabillaud, sans peau ni arêtes, détaillé en tronçons de 3 cm

2,5 cuil. à soupe d'huile d'olive

⅓ de cuil. à café de cumin en poudre

2 gousses d'ail, 1 écrasée au presse-ail et 1 émincée

½ oignon, ciselé (100 g)

2 capsules de cardamome, écrasées avec le plat du couteau

15 g de harissa à la rose (ajustez la quantité selon la variété choisie ; voir p. 301)

2 cuil. à café de double concentré de tomate

La peau de 1,5 petit citron confit, hachée finement

1 boîte de 400 g de pois chiches, égouttés et rincés (240 g)

200 ml de bouillon de légumes

5 g de coriandre, hachée

Sel

Ce plat riche en goût est idéal en tapas, servi avec des tranches de pain frais et des légumes-feuilles.

1. Mélangez les morceaux de cabillaud avec 1,5 cuil. à café d'huile d'olive, le cumin, l'ail écrasé et 1 pincée de sel. Laissez mariner 15 minutes.

2. Dans une grande sauteuse, mettez les 2 cuillères à soupe d'huile d'olive restantes à chauffer sur feu moyen et faites revenir l'oignon 4 à 5 minutes en remuant régulièrement, jusqu'à ce qu'il soit tendre et bien coloré. Baissez le feu et ajoutez l'ail émincé. Poursuivez la cuisson 1 minute en remuant constamment, puis ajoutez la cardamome, la harissa, le double concentré de tomate, la peau de citron confit, les pois chiches et ¼ de cuillère à café de sel. Laissez cuire encore 1 minute, puis mouillez avec le bouillon. Laissez épaissir 3 à 4 minutes, en écrasant une partie des pois chiches avec le dos d'une cuillère pour apporter de la texture.

3. Versez les morceaux de poisson dans la sauce et laissez cuire 3 à 4 minutes, en remuant doucement. Retournez le poisson à mi-cuisson et retirez du feu dès que la chair se détache en pétales. Retirez les capsules de cardamome, parsemez de coriandre et dressez dans des assiettes creuses.

Croquettes de crevettes au maïs

Ces croquettes fonctionnent très bien en amuse-bouches à l'apéritif, ou en entrée avec un avocat et quelques feuilles de sucrine. Si vous optez pour la version miniature, façonnez 36 petites croquettes au lieu de 12 grosses et réduisez le temps de cuisson (1 minute de chaque côté). Si vous le souhaitez, la farce peut se préparer la veille et rester au réfrigérateur jusqu'au moment de passer à la cuisson, ou même être cuite la veille et être réchauffée juste avant de servir.

1. Versez les crevettes et le maïs dans le bol d'un robot et mixez quelques secondes pour obtenir une farce grossière. Ajoutez les trois épices en poudre, le piment en flocons, la coriandre, l'œuf, les zestes de citron vert et ⅓ de cuillère à café de sel. Mixez quelques secondes supplémentaires jusqu'à ce que tous les ingrédients soient bien mélangés et que les morceaux de crevettes ne soient pas trop épais. Débarrassez dans un cul-de-poule et réservez.

2. Mettez l'huile à chauffer à feu moyen-vif dans une poêle de taille moyenne. En vous aidant de deux cuillères à soupe, formez 6 croquettes (ou plus si vous optez pour la version amuse-bouches) en utilisant la moitié de la farce. Déposez les croquettes dans l'huile chaude et aplatissez-les légèrement de manière à ce qu'elles fassent environ 2 cm d'épaisseur. Laissez frire 2 minutes de chaque côté (1 minute pour les amuse-bouches), puis débarrassez sur une assiette tapissée de papier absorbant.

3. Répétez l'opération avec le reste de la farce et servez chaud avec une pincée de sel et des quartiers de citron vert.

Pour 6 personnes (soit 12 croquettes) en entrée, ou pour 12 personnes (soit 36 mini-croquettes) à l'apéritif

350 g de crevettes roses crues, décortiquées

140 g de maïs en boîte, égoutté

¼ de cuil. à café de cumin en poudre

½ cuil. à café de coriandre en poudre

½ cuil. à café de paprika fumé

¼ de cuil. à café de piment en flocons

10 g de coriandre, hachée

1 œuf de gros calibre, battu

2 citrons verts : 2 cuil. à café de zeste et des quartiers, pour le dressage

3 cuil. à soupe d'huile végétale

Sel

Photo sur la double-page suivante

Desserts

Cheesecake sucré-salé à la cerise

Oui, ce dessert se compose de trois préparations distinctes ; mais elles sont toutes extrêmement simples, rapides à réaliser et peuvent se faire bien à l'avance, ce qui, le jour J, ne vous laissera plus qu'à dresser le dessert dans des coupelles ! Le cheesecake (qui peut se garder 3 jours) et la compotée (5 jours) doivent être conservés au réfrigérateur, mais le crumble pourra rester une bonne semaine dans une boîte hermétique à température ambiante. Si vous avez un excédent de compotée et de crumble – ou si vous souhaitez volontairement en faire plus que nécessaire –, versez-les dans votre yaourt à la grecque du matin ; un vrai régal !

Pour 6 à 8 personnes

CRÈME

100 g de feta

300 g de fromage frais type Philadelphia (non allégé)

40 g de sucre semoule

1 petit citron : 1 cuil. à café de zeste

130 ml de crème entière liquide

2 cuil. à soupe d'huile d'olive, pour le dressage

CRUMBLE

100 g de noisettes émondées, hachées

30 g de beurre doux bien froid, coupé en cubes de 2 cm

80 g de poudre d'amande

25 g de sucre semoule

1 cuil. à soupe de graines de sésame noir (ou blanc)

1 bonne pincée de sel

COMPOTÉE DE CERISES

600 g de cerises surgelées dénoyautées, décongelées

90 g de sucre semoule

4 étoiles de badiane

1 orange : 4 longs morceaux d'écorce

Desserts

1. Dans un saladier, lissez la feta à la spatule, puis ajoutez le fromage frais, le sucre, les zestes de citron et mélangez au fouet à main. Ajoutez la crème liquide et fouettez délicatement jusqu'à ce que l'appareil se tienne. Laissez prendre au frais jusqu'au moment de dresser.

2. Préchauffez le four à 180 °C (chaleur tournante).

3. Pour le crumble, versez les noisettes hachées, le beurre, la poudre d'amande et le sucre dans un cul-de-poule, et travaillez la pâte du bout des doigts pour obtenir une consistance sableuse. Incorporez les graines de sésame et le sel, puis étalez le crumble sur une plaque à pâtisserie et laissez dorer 12 minutes au four.

4. Pour la compotée, versez les cerises, le sucre, les étoiles de badiane et les écorces d'orange dans une casserole de taille moyenne à feu moyen-vif. Portez à ébullition, puis baissez le feu et laissez compoter 10 à 15 minutes (votre compotée va continuer d'épaissir en refroidissant). Réservez jusqu'à ce que la compotée revienne à température ambiante, puis retirez les étoiles de badiane et les écorces d'orange.

5. Pour le dressage, déposez une belle cuillère d'appareil à cheesecake au fond de chaque coupelle et parsemez de la moitié du crumble. Ajoutez la compotée de cerises, puis le reste du crumble, et arrosez d'un filet d'huile d'olive. C'est prêt !

Crème aux œufs fraise-rhubarbe

Si c'est la saison, choisissez de la rhubarbe forcée qui, avec ses tiges d'un beau rose vif, apportera une joyeuse touche de couleur à ce dessert. Le reste de l'année, rabattez-vous sur de la rhubarbe classique qui, même si elle est moins spectaculaire, reste tout aussi goûteuse. Vous pouvez cuire la crème et les fruits la veille, à condition de les laisser au frais jusqu'au moment de dresser. Pour plus de croustillant, servez avec des sablés.

1. Préchauffez le four à 200 °C (chaleur tournante).

2. Enrobez la rhubarbe et les fraises de sucre, puis versez-les dans un plat à four de taille moyenne de manière à tapisser le fond. Enfournez pour 12 à 13 minutes ; en fin de cuisson, vous ne devez plus voir de cristaux de sucre et les fruits doivent être tendres, mais sans avoir compoté. Si quelques cristaux de sucre subsistent, quelques délicats coups de cuillère devraient suffire à les faire fondre. Laissez tiédir hors du feu.

3. Baissez la température du four à 170 °C (chaleur tournante).

4. Pour la crème, versez les jaunes d'œufs, la maïzena, le sucre et l'extrait de vanille dans un saladier et fouettez jusqu'à obtenir un appareil homogène. Sans cesser de fouetter, ajoutez progressivement la crème liquide, puis versez l'appareil dans un plat à four assez profond de 25 cm de diamètre. Déposez ce premier plat dans un second, plus grand, que vous remplirez d'env. 1 cm d'eau bouillante de façon à créer un bain-marie. Enfournez pour 25 minutes, jusqu'à ce que la crème prenne et commence à dorer. Sortez le plat du four, laissez revenir à température ambiante, puis laissez figer au frais.

5. Versez la moitié des fruits rôtis et leur jus sur la crème et l'autre moitié dans une coupelle, en accompagnement.

Pour 8 à 10 personnes

FRUITS RÔTIS

200 g de rhubarbe, coupée en tronçons de 3 cm

200 g de fraises, équeutées et coupées en deux dans le sens de la longueur

90 g de sucre semoule

CRÈME AUX ŒUFS

4 gros jaunes d'œufs

1 cuil. à café de maïzena

60 g de sucre semoule

2 cuil. à café d'extrait de vanille

600 ml de crème entière liquide

Desserts

Verrines de fraises rôties au sumac et yaourt égoutté

Pour 6 personnes
900 g de yaourt
 à la grecque
140 g de sucre glace
120 ml de crème
 entière liquide
1 citron : 1 cuil.
 à café de zeste et 2 cuil.
 à soupe de jus
600 g de fraises bien
 mûres, équeutées et
 coupées en deux dans
 le sens de la longueur
1,5 cuil. à soupe
 de sumac
10 g de menthe : 5 g
 de brins entiers et 5 g
 de feuilles, ciselées
1 gousse de vanille,
 grattée
Sel

Si vous avez oublié une barquette de fraises dans votre réfrigérateur et que vous ne savez plus quoi en faire, cette recette est pour vous ! Tous les éléments de cette recette peuvent se préparer jusqu'à 3 jours à l'avance, puis se conserver au réfrigérateur dans des contenants séparés. Servez les verrines telles quelles ou accompagnées de sablés pour le parfait dessert estival. Un grand merci à Helen Graham pour cette recette.

1. Dans un cul-de-poule, mélangez le yaourt avec la moitié du sucre glace et ¼ de cuillère à café de sel. Au-dessus d'un saladier, tapissez une passoire d'une étamine et versez-y le yaourt. Refermez avec un morceau de ficelle de cuisine et laissez le yaourt s'égoutter 30 minutes au réfrigérateur en ayant pris soin de déposer votre saladier le plus lourd sur le dessus. Extrayez ensuite un maximum de liquide de manière à récupérer env. 550 g de yaourt égoutté. Retirez l'étamine et transvasez le yaourt dans un cul-de-poule. Incorporez la crème liquide, les zestes de citron et réservez au frais jusqu'au moment de dresser.

2. Préchauffez le four à 200 °C (chaleur tournante).

3. Dans une jatte, mélangez les fraises avec le sumac, les brins de menthe, la vanille (grains et gousse), le jus de citron, le restant de sucre glace et 80 ml d'eau. Étalez dans un plat à four de 30 x 20 cm et enfournez pour 20 minutes, en retournant les fruits à mi-cuisson. Laissez revenir à température ambiante, puis retirez les brins de menthe et la gousse de vanille. Versez le jus de cuisson dans un petit pichet, puis prélevez-en 3 cuillères à soupe, que vous incorporerez délicatement au yaourt pour réaliser des marbrures. Réservez 3 autres cuillères à soupe de jus pour le dressage et conservez le reste au réfrigérateur pour aromatiser vos céréales du lendemain matin.

4. Déposez 1 cuillère de yaourt au fond de chaque verrine, et ajoutez les fraises, le jus réservé et les feuilles de menthe.

Financier mûre-prune au laurier

Pour 6 gourmands
200 g de mûres
4 prunes mûres à point, dénoyautées, coupées en quartiers de 1 cm de large (360 g)
1 cuil. à café d'extrait de vanille
60 g de sucre semoule
3 feuilles de laurier frais
1 cuil. à café de cannelle
60 g de farine
200 g de sucre glace, tamisé
120 g de poudre d'amande
1 bonne pincée de sel
150 g de blancs d'œufs (soit 4 à 5 œufs de gros calibre)
180 g de beurre doux, fondu puis ramené à température ambiante

Traditionnellement, les financiers se présentent sous forme de gâteaux individuels mais, pour cette recette, j'ai préféré réaliser une version familiale en versant toute la pâte dans un plat à gratin.

Si vous voulez prendre de l'avance, vous pouvez préparer la pâte la veille et la réserver au réfrigérateur. En revanche, ne laissez pas les fruits macérer trop longtemps, sans quoi ils rendront trop de jus et détremperont votre pâte.

Pour plus de gourmandise, vous pouvez servir ce financier avec de la crème anglaise, de la crème fraîche ou une boule de glace à la vanille. N'hésitez pas à varier les fruits selon les saisons : les framboises et les pêches feront une bonne alternative estivale.

1. Dans une jatte, versez les mûres, les prunes, l'extrait de vanille, le sucre, les feuilles de laurier et ½ cuillère à café de cannelle. Laissez mariner 30 minutes au maximum (pas plus sinon vos fruits rendront trop de jus).

2. Préchauffez le four à 190 °C (chaleur tournante).

3. Dans un saladier, mélangez la farine, le sucre glace, la poudre d'amande, la cannelle restante et le sel. Réservez.

4. Dans un cul-de-poule, fouettez les blancs à la main env. 30 secondes jusqu'à ce qu'ils commencent à mousser, puis incorporez-les délicatement aux poudres de l'étape 3. Ajoutez le beurre fondu et mélangez jusqu'à obtenir un appareil homogène.

5. Versez dans un plat chemisé de 20 x 30 cm et répartissez les fruits et leur jus sur le dessus. Enfournez pour 40 minutes, en recouvrant d'une feuille d'aluminium 10 minutes avant la fin de la cuisson. Au bout des 40 minutes, votre financier doit être joliment doré et des bulles doivent se former dans le jus des fruits. Laissez tiédir 10 minutes et servez.

Desserts

Cake aux myrtilles, citron et amandes

Pour 8 personnes

150 g de beurre doux, à température ambiante, plus une noisette pour le moule

190 g de sucre semoule

2 citrons : 2 cuil. à café de zeste et 2 cuil. à soupe de jus

1 cuil. à café d'extrait de vanille

3 œufs de gros calibre, battus

90 g de farine à poudre à lever incorporée, tamisée

1 bonne pincée de sel

110 g de poudre d'amande

200 g de myrtilles

70 g de sucre glace

Parmi la multitude de moules, empreintes et plaques que l'on peut utiliser en pâtisserie, le moule à cake reste une valeur sûre, à la fois pratique et rassurant. Intemporel et facile à réaliser, ce cake peut se conserver 3 jours dans une boîte hermétique à température ambiante.

1. Préchauffez le four à 180 °C (chaleur tournante). Beurrez et chemisez un moule à cake de 11 x 21 cm et réservez.

2. Dans la cuve d'un robot pâtissier équipé d'une feuille, crémez le beurre 3 à 4 minutes à vitesse rapide avec le sucre, les zestes de citron, 1 cuillère à soupe de jus de citron et l'extrait de vanille. Passez à vitesse moyenne, puis ajoutez les œufs, petit à petit, en raclant régulièrement les bords de la cuve. Si votre appareil commence à trancher, pas de panique ! Il va retrouver du liant avec la suite de la recette. Ajoutez la farine, le sel et la poudre d'amande en trois fois, puis stoppez le robot et incorporez 150 g de myrtilles à la spatule avant de verser la pâte dans le moule chemisé.

3. Enfournez pour 15 minutes, puis parsemez les myrtilles restantes (50 g). Poursuivez la cuisson 15 minutes, jusqu'à ce que le cake soit doré à l'extérieur mais encore cru à l'intérieur. Recouvrez d'une feuille de papier d'aluminium et laissez cuire 25 à 30 minutes, jusqu'à ce que le gâteau soit bien gonflé. Vérifiez la cuisson en insérant une lame de couteau au centre : si elle ressort sèche, c'est qu'il est cuit ! Sortez du four et laissez tiédir 10 minutes avant de démouler sur une grille. Réservez ensuite jusqu'à complet refroidissement.

4. Pour le glaçage, fouettez le restant de jus de citron (1 cuillère à soupe) avec le sucre glace jusqu'à obtenir un mélange homogène. Versez sur le cake en essayant de le répartir le mieux possible, et si les myrtilles tâchent le glaçage, ce n'est pas la fin du monde ! Après tout c'est aussi ce qui fait le charme de ce gâteau !

Clafoutis aux figues et au thym

Pour 4 personnes

90 g de muscovado

2 cuil. à soupe de vin rouge

1 cuil. à soupe de thym

2 citrons : 2 cuil. à café de zeste et 1 cuil. à soupe de jus

420 g de figues bien mûres (soit une dizaine env.), équeutées et coupées en deux dans le sens de la longueur

2 œufs de gros calibre, blancs et jaunes séparés

50 g de farine

1,5 cuil. à café d'extrait de vanille

100 ml de crème entière liquide

1 bonne pincée de sel

Crème glacée à la vanille ou crème fraîche

Ce dessert vous semble peut-être trop imposant pour quatre personnes, mais il est si léger que vous serez surpris des quantités que l'on peut ingurgiter ! Vous pouvez préparer les figues jusqu'à 2 jours à l'avance et les conserver au réfrigérateur.

1. Préchauffez le four à 170 °C (chaleur tournante).

2. Dans une sauteuse de 18 cm de diamètre passant au four, faites fondre 50 g de muscovado 3 à 4 minutes à feu moyen-vif dans 1 cuillère à soupe d'eau. (À défaut, vous pouvez utiliser une poêle, puis transvaser vos figues dans un plat à four carré de 22 cm de côté.) Quand de grosses bulles apparaissent, ajoutez le vin, le thym et laissez épaissir 1 minute en remuant continuellement. Ajoutez ensuite le jus de citron et les figues hors du feu et mélangez bien pour enrober les fruits. Laissez tiédir 20 minutes au minimum, pour éviter que les figues ne soient trop chaudes au moment de recevoir l'appareil à clafoutis.

3. Dans un saladier, fouettez les jaunes d'œufs avec le muscovado restant, la farine, l'extrait de vanille, la crème liquide, le zeste de citron et le sel pendant 2 à 3 minutes à la main, ou 1 minute au batteur électrique. Dans un cul-de-poule, battez les blancs d'œufs au bec d'oiseau, puis incorporez-les délicatement à la pâte.

4. Répartissez les figues de manière homogène dans le fond de la sauteuse (ou du plat à four) et nappez avec l'appareil à clafoutis. Enfournez pour env. 30 minutes. En fin de cuisson, votre clafoutis doit être joliment doré, bien gonflé et ne pas laisser de traces sur une lame insérée au centre. Sortez le clafoutis du four, dressez dans quatre coupelles et servez chaud avec une boule de crème glacée à la vanille ou une cuillère de crème fraîche.

Desserts

Cheesecake sans cuisson au miel et au yaourt

Pas de four, pas de bain-marie, pas de risque de craquelures : dites bonjour au cheesecake le plus simple du monde ! Ce dessert peut se préparer jusqu'à 2 jours à l'avance, mais attendez le dernier moment pour ajouter le miel et le thym. Si vous ne le mangez pas le jour même, conservez-le au réfrigérateur. Toutefois, du fait de l'humidité, sachez que la base biscuitée perdra en croustillant.

Pour 8 personnes

500 g de yaourt à la grecque
200 g de Hobnobs (ou autres gâteaux secs aux flocons d'avoine) ou, à défaut, de petits-beurre
60 g de beurre doux, fondu
1,5 cuil. à soupe de thym
400 g de fromage frais type Philadelphia (non allégé)
40 g de sucre glace, tamisé
1 citron : 1 cuil. à café de zeste
150 g de chocolat blanc, détaillé en morceaux de 1 à 2 cm
60 g de miel

1. Chemisez un moule à charnière de 23 cm de diamètre avec du papier sulfurisé et réservez.

2. Placez une passoire au-dessus d'un saladier et tapissez-la d'une étamine ou d'un torchon en coton bien propre. Versez le yaourt sur l'étamine, relevez les bords et formez une boule. Pressez fermement pour extraire un maximum de liquide et récupérer 340 g de yaourt égoutté. Jetez le liquide et réservez jusqu'au moment voulu.

Desserts

3. Versez les Hobnobs dans un sac de congélation et réduisez-les en poudre fine à l'aide d'un rouleau à pâtisserie. Versez les miettes obtenues dans un cul-de-poule et incorporez le beurre fondu et 1 cuillère à soupe de thym. Tassez ce mélange au fond du moule chemisé en égalisant la surface et réservez au frais.

4. Dans un saladier ou dans la cuve d'un robot pâtissier, fouettez le fromage frais et le yaourt égoutté avec le sucre glace et le zeste de citron jusqu'à obtenir un appareil homogène.

5. Versez le chocolat blanc dans un cul-de-poule supportant la chaleur, que vous déposerez au-dessus d'une casserole d'eau frémissante, en prenant garde à ce que l'eau n'entre pas en contact avec le fond du cul-de-poule. Remuez régulièrement pendant 2 à 3 minutes, en faisant bien attention à ce qu'aucune goutte d'eau ne touche le chocolat, ce qui risquerait de le faire trancher. Incorporez ensuite le chocolat fondu au fouet dans l'appareil à cheesecake.

6. Versez le tout sur la base biscuitée, lissez la surface et laissez prendre au moins 2 heures au frais.

7. Au moment de servir, faites chauffer le miel dans une petite casserole avec ½ cuillère à soupe de thym jusqu'à obtenir la consistance d'un sirop. Retirez du feu et versez sur le cheesecake en filet.

8. Desserrez la charnière du moule pour libérer le cheesecake, coupez en 8 et servez.

Gâteau pêche-framboise aux noisettes

Pour cette recette, je préfère utiliser des noisettes émondées, car elles permettent d'obtenir une pâte plus claire mais, si vous n'avez que des noisettes entières sous la main, n'allez pas chercher midi à quatorze heures : votre gâteau sera un peu plus sombre, mais vous ne verrez aucune différence sur le plan gustatif. Servi tiède, ce gâteau est un délice, mais il peut aussi se déguster à température ambiante. Si vous ne le terminez pas le jour-même, vous pourrez le conserver 24 h dans une boîte hermétique, mais pas plus car, comme tous les gâteaux aux noisettes, il a tendance à sécher rapidement.

1. Préchauffez le four à 170 °C (chaleur tournante). Chemisez un moule à charnière de 24 cm de diamètre avec du papier sulfurisé que vous badigeonnerez d'huile.

2. Dans un cul-de-poule, mélangez les pêches avec 150 g de framboises et 1 cuillère à soupe de sucre, puis réservez.

3. Mixez les noisettes au robot pendant un peu moins d'une minute pour obtenir une poudre grossière. Réservez.

4. Dans la cuve d'un robot pâtissier, crémez le beurre avec le reste de sucre, puis ajoutez les œufs petit à petit, en laissant bien tourner entre chaque ajout. Ajoutez la poudre de noisettes, la farine, la levure chimique, le sel, et arrêtez le robot dès que vous obtenez une pâte homogène. Versez dans le moule chemisé et garnissez de framboises et de lamelles de pêches, sans chercher à les ordonner particulièrement. Enfournez pour 70 à 80 minutes, en recouvrant d'une feuille de papier d'aluminium au bout de 30 minutes pour éviter que les fruits ne brunissent trop.

5. Sortez le gâteau du four et laissez tiédir quelques minutes avant de desserrer la charnière du moule. Disposez les 50 g de framboises restantes au centre du gâteau et servez.

Pour 10 personnes

2 cuil. à café d'huile de tournesol

2 belles pêches, dénoyautées, détaillées en lamelles de 1,5 cm de large (340 g)

200 g de framboises

320 g de sucre semoule

125 g de noisettes émondées

200 g de beurre doux, à température ambiante

3 œufs de gros calibre, battus

125 g de farine

1,5 cuil. à café de levure chimique

1 bonne pincée de sel

Gâteau aux pommes et aux épices

Servi tiède ou à température ambiante, ce gâteau fera à coup sûr des heureux au goûter ; et pour en faire un dessert, ajoutez-lui une boule de glace à la vanille et le tour est joué ! Si possible, dégustez ce gâteau le jour-même ou, éventuellement, le lendemain mais, dans ce cas, conservez-le bien dans une boîte hermétique.

1. Préchauffez le four à 160 °C (chaleur tournante). Beurrez et chemisez un moule de 23 cm de diamètre.

2. Dans la cuve d'un robot pâtissier équipé d'une feuille, crémez le beurre avec le sucre à vitesse moyenne. Ajoutez l'extrait de vanille puis les œufs, en plusieurs fois et en mélangeant bien entre chaque ajout. Versez la farine et le sel dans un tamis et incorporez-les progressivement à la préparation, en alternant avec la crème aigre ou fraîche. Dès que vous obtenez un appareil homogène, éteignez le robot, puis versez votre pâte dans le moule et réservez.

3. Dans un petit bol, mélangez la cassonade et le quatre-épices, puis versez sur les quartiers de pomme, dans un cul-de-poule. Mélangez, puis déposez les fruits sur la pâte. Enfournez pour 60 à 65 minutes, jusqu'à ce que le gâteau soit doré, ferme et croustillant sur le dessus, et qu'il ait bien gonflé autour des pommes. Inutile de chercher à vérifier la cuisson avec un couteau : les pommes étant humides, la lame ne ressortira jamais sèche. En revanche, vous pouvez secouer légèrement le moule et stopper la cuisson dès que le gâteau cesse de trembloter en surface.

4. Sortez-le du four et laissez tiédir env. 30 minutes avant de démouler.

5. Servez tiède ou température ambiante, en utilisant un couteau à dents pour une découpe bien propre.

Pour 10 personnes

130 g de beurre doux, à température ambiante et coupé en cubes, plus une noix pour le moule

150 g de sucre semoule

3 œufs de gros calibre, légèrement battus

2 cuil. à café d'extrait de vanille

300 g de farine à poudre à lever incorporée

1/3 de cuil. à café de sel

200 g de crème aigre ou fraîche

GARNITURE AUX POMMES

130 g de cassonade

1 cuil. à soupe de mélange quatre-épices

2 grosses pommes Bramley ou Reine des Reinettes, pelées, évidées et détaillées en quartiers de 1,5 cm de large (460 g)

1 pomme Granny Smith, pelée, évidée et détaillée en quartiers de 1,5 cm de large (125 g)

Desserts

Roulés noisette, sésame et Nutella®

Pour pouvoir légitimement lister ces roulés dans ce livre de recettes faciles, je suis parti du principe que tout le monde a un pot de Nutella® caché quelque part dans ses placards (ce qui est peut-être un peu exagéré mais, au fond, pas tant que ça) et que faire sa propre pâte n'a, en fait, rien de bien sorcier. Entre gâteaux et biscuits, ces roulés, qui s'inspirent d'une pâtisserie similaire servie au Landwer Cafe de Tel Aviv, sont de vraies petites friandises, surtout quand ils accompagnent une bonne tasse de thé ou de café. La pâte étant assez fragile, détendez bien le Nutella® (au point qu'il soit quasiment coulant) avant de l'étaler.

Pour 10 roulés

150 g de farine de force, plus une poignée pour le plan de travail

¾ de cuil. à café de levure de boulanger sèche instantanée

1,5 cuil. à café de sucre semoule

3 cuil. à soupe d'huile d'olive, plus un filet pour graisser le saladier de pousse

¼ de cuil. à café de sel

65 ml d'eau tiède

40 g de noisettes émondées, torréfiées et hachées

20 g de graines de sésame, torréfiées

150 g de Nutella®, détendu (au micro-ondes ou à feu doux)

1 petite orange : 1 cuil. à café de zeste

2 cuil. à café de sucre glace

1. Versez la farine, la levure, le sucre et 2 cuillères à soupe d'huile dans un saladier et mélangez. Ajoutez le sel, mélangez à nouveau, puis travaillez

Desserts

la pâte à la spatule en versant l'eau en filet. Huilez légèrement votre plan de travail et vos mains, puis pétrissez la pâte manuellement jusqu'à obtenir une pâte souple et élastique (env. 3 min). Si votre pâte est trop collante, n'hésitez pas à ajouter un peu d'huile. Déposez ensuite la pâte dans un cul-de-poule légèrement graissé et couvrez avec un torchon (propre) que vous aurez préalablement humidifié. Laissez pousser 40 minutes près d'une source de chaleur et à l'abri des courants d'air jusqu'à ce que la pâte ait doublé de volume.

2. Préchauffez le four à 220 °C (chaleur tournante).

3. Dans un bol, mélangez les noisettes hachées et les graines de sésame, puis isolez 1 cuillère à soupe.

4. Farinez légèrement votre plan de travail, puis étalez votre pâte en un rectangle de 40 x 30 cm, le grand côté devant se trouver juste devant vous, parallèle au bord du plan de travail. Étalez le Nutella® à la spatule, en laissant une bordure de 2 cm le long du grand côté le plus éloigné de vous. Répartissez les zestes d'orange sur le Nutella®, puis saupoudrez le mélange noisettes/sésame. En commençant par le grand côté le plus proche de vous, roulez la pâte pour former un boudin, que vous badigeonnerez ensuite de la cuillère à soupe d'huile restante. Saupoudrez du reste de noisettes et de sésame et aidez-vous de vos mains pour les faire adhérer à la pâte. Parez le boudin des deux côtés, puis détaillez-le en 10 tronçons de 3 cm. Déposez les roulés sur une plaque à four chemisée avec du papier sulfurisé, jointure vers le bas.

5. Enfournez env. 8 minutes, jusqu'à ce qu'ils soient bien dorés. Saupoudrez de sucre glace et laissez tiédir quelques minutes avant de servir.

Desserts

Barres chocolatées
à la menthe et à la pistache

Pour 24 barres

100 g de chocolat noir aromatisé à la menthe, détaillé en morceaux de 3 cm

200 g de chocolat noir à 70 % de cacao, détaillé en morceaux de 3 cm

120 g de beurre doux, coupé en cubes de 2 cm

100 g de golden syrup

1 bonne pincée de sel

100 g de raisins secs ou de Corinthe, macérés 30 minutes dans **2 cuil. à soupe de rhum**

170 g de gâteaux secs (au choix), détaillés en morceaux d'env. 2 cm

100 g de pistaches, hachées

Ces barres chocolatées, que l'on pourrait qualifier de « recette du placard », peuvent en fait se réaliser avec à peu près tout ce qui vous tombe sous la main : tout ce qu'il vous faut, c'est un chocolat aromatisé (au gingembre, au piment, etc.), des gâteaux secs, des fruits secs, des fruits séchés et un alcool de macération, quels qu'ils soient ! À vous ensuite de varier les plaisirs en fonction de ce que vous aimez et avez à disposition. Côté conservation, ces barres chocolatées peuvent se garder 1 semaine dans une boîte hermétique au réfrigérateur.

1. Chemisez une plaque à four ou un plat en Pyrex de 28 x 18 cm avec du papier sulfurisé et réservez.

2. Versez les deux chocolats, le beurre, le golden syrup et le sel dans un cul-de-poule supportant la chaleur et faites chauffer 2 à 3 minutes au bain-marie, en prenant garde à ce que le fond du cul-de-poule n'entre pas en contact avec l'eau frémissante. Remuez régulièrement jusqu'à obtenir un mélange lisse et homogène.

3. Ajoutez les raisins secs et leur jus de macération, les biscuits et les trois quarts des pistaches (essayez de sélectionner les brisures les plus grosses et gardez les plus fines pour la suite). Mélangez à la spatule jusqu'à ce que les biscuits et les pistaches soient bien enrobés, puis versez sur la plaque chemisée. Lissez la surface, saupoudrez du reste de pistaches, puis laissez tiédir 10 minutes avant de filmer la plaque et de laisser prendre 2 à 3 heures au frais.

4. Détaillez en 24 rectangles et dégustez aussitôt ou, à défaut, transvasez dans une boîte hermétique que vous garderez au réfrigérateur jusqu'au moment de servir.

Desserts

Bruns de Bâle

Tout Suisse qui se respecte vous dira que les bruns de Bâle se préparent exclusivement à Noël et qu'ils ne s'aromatisent qu'à la cannelle et aux clous de girofle. Pour ma part, je les déguste tout au long de l'année et j'aime varier les épices à chaque fournée, ce qui me pousse à plaider pour l'assouplissement de ces règles, au grand dam de Cornelia Staeubli, la directrice générale d'Ottolenghi – et originaire de Suisse –, qui ne cautionne assurément pas ce genre de libertés ! Force est cependant de constater que ces succulents biscuits sans gluten avec une texture proche du brownie sont parfaits pour les occasions festives et, de fait, j'ai décidé de les façonner en forme d'étoiles.

Côté conservation, vous pourrez garder ces biscuits 5 jours dans une boîte hermétique ou congeler la pâte crue (soit sous forme de pâton, soit déjà façonnée) pendant 1 mois au maximum. Pensez simplement à allonger le temps de cuisson de 1 à 2 minutes si vous les enfournez à la sortie du congélateur.

Pour 18 bruns (avec un emporte-pièce de 7 cm de diamètre)

270 g de poudre d'amande
250 g de sucre cristal, plus 10 g pour saupoudrer les biscuits
40 g de sucre glace, tamisé
40 g de cacao amer, tamisé
1 orange : 1 cuil. à café de zeste
1,5 cuil. à café de mélange cinq-épices
¼ de cuil. à café de sel
2 gros blancs d'œufs
1 cuil. à café d'extrait de vanille

1. Préchauffez le four à 170 °C (chaleur tournante).

2. Dans la cuve d'un robot pâtissier équipé d'un crochet, versez la poudre d'amande, le sucre cristal, le sucre glace, le cacao amer, les zestes d'orange, le mélange cinq-épices et le sel. Pétrissez à vitesse moyenne jusqu'à ce que les poudres soient bien mélangées, puis ajoutez les blancs d'œufs et l'extrait de vanille en laissant tourner le robot encore 1 à 2 minutes, jusqu'à obtenir une boule de pâte. Déposez celle-ci sur votre plan de travail (propre) et, en utilisant vos mains, formez un disque d'env. 3 cm d'épaisseur. Enveloppez le pâton dans du film alimentaire et laissez reposer env. 1 h au frais.

3. Découpez deux feuilles de papier sulfurisé de 40 x 40 cm. Sortez le pâton du réfrigérateur, ôtez-lui son film et déposez-le au centre des deux feuilles. À l'aide d'un rouleau, étalez la pâte pour obtenir une abaisse d'env. 22 cm de diamètre et 1,5 cm d'épaisseur. Munissez-vous d'un emporte-pièce de 7 cm de large et détaillez autant d'étoiles (ou autres, selon la forme de votre emporte-pièce) que possible. Déposez-les sur une grande plaque à four chemisée, puis reformez un pâton avec les chutes et répétez l'opération jusqu'à avoir utilisé toute la pâte.

4. Saupoudrez les biscuits de 10 g de sucre cristal et enfournez pour 12 minutes. En fin de cuisson, ils doivent être légèrement croustillants sur le dessous, mais encore mous et coulants au centre. Sortez les bruns de Bâle du four et laissez tiédir avant de déguster.

Desserts

Semifreddo à la framboise

Présentée sous forme de coupe glacée dans mon précédent livre, Sweet, cette glace est si exquise et facile à réaliser que je n'ai pas pu résister à lui offrir une page entière dans celui-ci. Pendant la saison des framboises, optez pour des fruits frais mais, le reste de l'année, n'hésitez pas à vous tourner vers les surgelés, l'eau de décongélation offrant d'ailleurs une texture particulièrement soyeuse au coulis. Attention néanmoins à ne pas vous lancer dans cette recette à la dernière minute, car le semifreddo a besoin de 12 heures de congélation au minimum avant d'être dégusté. Si besoin, la glace comme le coulis pourront se conserver jusqu'à 1 mois.

Pour 6 personnes

600 g de framboises fraîches (ou surgelées et décongelées)
2 cuil. à soupe de sucre glace
200 ml de crème fleurette
25 g de sucre glace vanillé
1 œuf entier, plus 2 jaunes
1 cuil. à café de jus de citron
180 g de sucre semoule
1/8e de cuil. à café de sel

1. Mixez les framboises jusqu'à obtenir un coulis que vous passerez au tamis pour ôter les grains. Procédez par petites quantités, en vous aidant d'une grosse cuillère pour fouler le coulis à travers le tamis. Isolez 260 g de coulis et réservez. Tamisez le sucre glace dans le reste de coulis – soit environ 100 g –, mélangez et transvasez dans un récipient muni d'un bec verseur. Réservez au frais jusqu'au moment de servir.

Desserts

2. Dans la cuve d'un robot pâtissier, versez la crème fleurette, le sucre glace vanillé et montez au bec d'oiseau. Transvasez la chantilly dans un cul-de-poule et réservez au frais jusqu'au moment de dresser.

3. Choisissez une casserole suffisamment grande pour faire un bain-marie avec la cuve de votre robot et remplissez-la de 2 cm d'eau. Portez à ébullition, puis ramenez à frémissement.

4. Dans la cuve du robot nettoyée, fouettez l'œuf, les jaunes, le jus de citron, le sucre et le sel, puis placez la cuve sur le bain-marie et fouettez sans discontinuer pendant env. 5 minutes, jusqu'à dissolution complète du sucre. À ce stade, les œufs doivent être chauds. Repositionnez la cuve sur le robot et fouettez-les à vitesse moyenne-rapide pour qu'ils refroidissent et gagnent en tenue : la préparation va épaissir rapidement, mais il faut bien compter 10 minutes pour qu'elle revienne à température. Ajoutez les 260 g de coulis de framboises et fouettez à vitesse lente en raclant régulièrement les bords de la cuve jusqu'à obtenir un mélange homogène. Sortez la chantilly du réfrigérateur et incorporez-la au mélange. Versez dans un bac de congélation, recouvrez de film alimentaire et laissez prendre au congélateur au moins 12 heures.

5. Dix minutes avant de servir, sortez la glace du congélateur pour qu'elle ait le temps de ramollir légèrement. Dressez dans des coupes et servez aussitôt, arrosée de coulis de framboises.

MANGER SIMPLE en toutes occasions
Des menus types pour tous les jours

Le nombre de menus que l'on peut élaborer à partir de 140 recettes est colossal, mais je tenais néanmoins à vous proposer quelques pistes pour vous aider à construire vos repas selon les circonstances (dîners rapides, déjeuners festifs, etc.). Vous remarquerez que, dans certains cas, j'ai listé plusieurs options en fonction de la saison car, à mes yeux, une cuisine simple et saine commence toujours par le respect des produits et des saisons. À noter que les menus entièrement végétariens ou *vegan* sont signalés par les symboles (V) ou (VG).

Les soirs de semaine

Printemps/Été

Guacamole revisité aux saveurs printanières p. 106 *(la purée peut se garder 2 jours au réfrigérateur, à condition de ne la mélanger avec la garniture fèves/cébettes qu'au dernier moment)* + **Taboulé à ma façon p. 158** *(tous les éléments peuvent se préparer la veille)* + **Carpaccio de cœurs de bœuf, cébettes et gingembre p. 29** *(à faire max. 6 h à l'avance et à conserver au réfrigérateur).* (VG)

Courgettes farcies, sauce vierge aux pignons p. 60 *(préparez la farce la veille)* + **Riz au four parfumé à la menthe, grenade et olives vertes p. 171** *(préparez la garniture quelques heures à l'avance).* (V)

Croquettes de crevettes au maïs p. 263 *(préparez la farce la veille et gardez-la au réfrigérateur)* + **Courgettes et petits pois aux herbes, semoule au lait p. 63.**

Aiguillettes de poulet panées aux graines p. 235 *(le mélange de graines peut se garder 1 mois max.)* + **Pommes de terre nouvelles et petits pois à la coriandre p. 147** + **Salade de mâche et de concombre p. 38** *(les concombres comme la sauce peuvent se préparer en amont).*

Automne/hiver

Soupe de lentilles corail au curry, tomates et lait de coco p. 52 *(à préparer en amont)* + **Haricots verts et tofu en sauce rouge p. 104** *(la sauce peut se garder 1 semaine).* (VG)

Soupe de citrouille au safran et à l'orange p. 54 *(préparez la soupe à l'avance et torréfiez les graines de courge en grosse quantité)* + **Pappardelle aux olives noires, câpres et harissa à la rose p. 188** *(préparez la sauce 3 jours à l'avance).* (V)

Flétan à la tomate et au piment, sauce sésame p. 250 *(la sauce tomate et la sauce sésame supportent très bien le réfrigérateur et le congélateur)* **+ Poêlée de brocoli et kale à l'ail, cumin et citron vert p. 75** *(blanchissez les choux en amont).*

Porc sauté au gingembre, cébettes et aubergines p. 231 *(taillez tous vos légumes à l'avance)* **+ riz ou nouilles nature + Rapini à la sauce soja, ail et cacahuètes p. 76**.

Le brunch du samedi entre amis

Croquettes aux petits pois, à la feta et au zaatar p. 20 *(la pâte peut se préparer la veille)* **+ Pain de betterave au chèvre et aux graines p. 16** *(se conserve en tranches 1 semaine)* **+ Salade avocat-concombre p. 13** *(proposée en accompagnement de la brouillade de tofu). (V)*

Brouillade de tofu à la harissa p. 13 *(préparez les oignons à la harissa en grosse quantité et conservez l'excédent au réfrigérateur)* **+ Salade croquante, laitue et robe des champs p. 146 + Roulés noisette, sésame et Nutella p. 286.** *(V)*

Le repas du dimanche en famille

Agneau confit et saveurs de printemps

Épaule d'agneau confite à la menthe et au cumin p. 215 *(mettez l'agneau à mariner au réfrigérateur pour la nuit)* **+ Riz au four parfumé à la menthe, grenade et olives vertes p. 171** *et/ou* **Pommes de terre nouvelles et petits pois à la coriandre p. 147 + Salade de mâche et de concombre p. 38** *(préparez la sauce et les concombres en amont)* et/ou **Guacamole revisité aux saveurs printanières p. 106** *(prenez de l'avance sur la purée et conservez-la au réfrigérateur)* **+ Méli-mélo de tomates, échalion au sumac et pignons de pin p. 34** *(tous les éléments peuvent se préparer à l'avance).*

Poulet acidulé et garnitures printanières

Poulet rôti au citron p. 227 *(préparez le poulet en amont pour n'avoir qu'à l'enfourner le moment venu)* + **Pommes de terre nouvelles et petits pois à la coriandre p. 147** *(supportent quelques heures d'attente)* + **Salade fraîcheur au tahin et au zaatar p. 36**.

Saumon sous la treille

Le saumon grillé, sauce aux pignons de Bridget Jones p. 246 + **Purée à l'huile d'olive aromatisée p. 130** + **Semifreddo à la framboise p. 292** *(se conserve très bien au congélateur, alors n'hésitez pas à anticiper)*.

Poulet rôti aux fruits et légumes d'automne

Le poulet rôti d'Arnold, farce aux canneberges et au carvi p. 219 *(farcissez la volaille en amont pour n'avoir plus qu'à l'enfourner avant le dîner)* + **Purée à l'huile d'olive aromatisée p. 130** *(pelez et coupez les pommes de terre en amont)* + **Carottes nouvelles rôties, harissa et grenade p. 116** *(les carottes peuvent se rôtir quelques heures avant de servir)* + **Chou palmier Noir de Toscane au chorizo et au citron confit p. 85**.

Bar à l'asiatique

Bar rôti au soja et au gingembre p. 270 *(préparez l'intégralité du plat à l'avance, mais enfournez juste avant le repas)* + **Rapini à la sauce soja, ail et cacahuètes p. 76** et/ou **Gombos express, sauce aigre-douce p. 86** + **Riz gluant et julienne croustillante comme en Asie p. 173**

Pour une occasion spéciale

Cuisses de poulet Marbella p. 229 *(vous pouvez mettre le poulet à mariner jusqu'à 2 jours à l'avance)* + **Riz au four aux tomates confites et à l'ail p. 174** + **Salade de carottes à la cannelle, sauce au yaourt et aux herbes p. 118** *(faites cuire les carottes à la vapeur en amont, mais ajoutez les herbes et le yaourt au moment de servir)* + **Choux de Bruxelles au beurre noisette et à l'ail noir p. 113**.

Avec des enfants

Gnocchis à la romaine p. 198 *(vous pouvez façonner les boudins à l'avance, mais découpez et enfournez les gnocchis juste avant le dîner)* + **Boulettes de bœuf à la ricotta et à l'origan p. 221** *(à préparer intégralement à l'avance et à réchauffer au four le moment venu)* + **Salade de mâche et de concombre p. 38** *(la sauce peut se préparer à l'avance et rester au réfrigérateur jusqu'au moment de servir)*.

Les grandes tablées

Quand je sais que je vais recevoir un nombre important de convives, je prépare des buffets, c'est-à-dire des repas composés d'une déclinaison de plats que je cuisine à l'avance et que je dresse ensuite sur une grande table où chacun peut se servir à sa guise. La plupart de ces plats ne craignent donc pas d'attendre quelques heures sur le plan de travail ou au réfrigérateur, le temps que tout le monde arrive et s'installe à table. Il y a néanmoins quelques exceptions : certains plats chauds doivent être dégustés dès la sortie du four et certaines salades ne doivent être composées qu'avant de servir ; mais, quand c'est le cas, j'ai précisé la marche à suivre. Pour un buffet réussi, on peut choisir des recettes dont on peut aisément doubler les quantités. Enfin, pour être sûr, j'ai prévu pour chaque buffet de quoi recouvrir entièrement la table de mets, mais ce n'est pas parce que vous ferez l'impasse sur quelques-uns que vous ne régalerez pas.

Le buffet tapas

Voir photo p. 126-7

Guacamole revisité aux saveurs printanières p. 106 *(la purée peut se garder 2 jours au réfrigérateur, mais faites revenir les cébettes et l'écorce de citron au dernier moment et ajoutez les fèves entières à la toute fin)* + **Purée de haricots blancs au muhammara p. 107** *(à préparer à l'avance, mais à mélanger uniquement avant de passer à table)* + **Pétales de cabillaud, pois chiches et harissa à la rose p. 262** + **Ragoût d'encornets au poivron rouge p. 259** *(à préparer jusqu'à 2 jours à l'avance et à réchauffer avant de servir)* + **Frites au four à la feta et à l'origan p. 138** *(la précuisson à l'eau peut s'effectuer en amont)* + **Arayes d'agneau au tahin et au sumac p. 214** *(préparez la farce 2 jours à l'avance au maximum).*

Le buffet oriental

Voir photo p. 210-11

Noisettes d'agneau aux amandes et à la fleur d'oranger p. 208 *(tout peut se préparer à l'avance, mais ne dressez l'ensemble qu'au dernier moment)* + **Taboulé à ma façon p. 158** *(tous les éléments peuvent se préparer la veille)* + **Salade toute verte aux cébettes et aux herbes p. 47** *(préparez la sauce la veille et la salade 6 h à l'avance, mais gardez les herbes et le sel pour la dernière minute)* + **Salade de betteraves rôties au yaourt et au citron confit p. 125** + **Chou-fleur rôti entier avec sauce verte au sésame p. 94** *(la sauce se garde 3 jours au réfrigérateur)* + **Carottes nouvelles rôties, harissa et grenade p. 116** *(faites cuire les carottes 6 h à l'avance, mais assemblez les différents éléments au dernier moment)* + **Salade fraîcheur au tahin et au zaatar p. 36**.

Le buffet autour de l'agneau

Voir photo p. 44-5

Épaule d'agneau confite à la menthe et au cumin p. 215 *(laissez la viande mariner toute la nuit)* + **Riz au four parfumé à la menthe, grenade et olives vertes p. 171** *(préparez la garniture à l'avance pour n'avoir qu'à enfourner le moment venu)* + **Asperges rôties aux amandes, aux câpres et à l'aneth p. 82** + **Méli-mélo de tomates, échalion au sumac et pignons de pin p. 34** *(tous les éléments peuvent se préparer à l'avance)* + **Raïta de tomates et de concombres p. 30** *(se conserve 2 jours au réfrigérateur)* + **Tagliatelles de courgettes au thym et aux noix p. 31** *(l'huile aromatisée peut se préparer bien en amont, et les courgettes au maximum 6 h à l'avance ; en revanche, n'ajoutez le sel et le jus de citron qu'au dernier moment).*

Le buffet végétal et estival

Voir photo p. 152-3

Burrata au basilic, brochettes de raisin grillé p. 43 *(le raisin peut être mis à mariner jusqu'à 24 h à l'avance, mais faites-le griller juste avant de servir)* + **Chaud-froid de tomates cerise au yaourt citronné p. 70** *(mettez les tomates à mariner 24 h à l'avance)* + **Courgettes farcies, sauce vierge aux pignons p. 60** *(préparez la farce la veille)* + **Salade verte, sauce fourre-tout p. 37** *(la sauce peut se garder 3 jours au réfrigérateur)* + **Butternut rôtie avec maïs, feta et graines de courge p. 122** *(tous les éléments peuvent se préparer la veille). (V)*

Le buffet au coin du feu

Voir photo p. 78-9

Le poulet rôti d'Arnold, farce aux canneberges et au carvi p. 219 *(farcissez la volaille la veille et conservez-la au réfrigérateur)* + **Pommes de terre à la harissa et à l'ail confit au four p. 142** *(l'ail peut se confire jusqu'à 2 jours à l'avance et la précuisson des pommes de terre à l'eau 6 h à l'avance)* + **Chou palmier Noir de Toscane au chorizo et au citron confit p. 85** + **Châtaignes et champignons au zaatar p. 112** *(à servir chaud, dès la sortie du four, mais peut se préparer en amont jusqu'au moment de saler, poivrer et enfourner)* + **Poêlée de brocoli et kale à l'ail, cumin et citron vert p. 75** *(blanchissez les choux avant)* + **Salade de carottes à la cannelle, sauce au yaourt et aux herbes p. 118** *(faites cuire les carottes à la vapeur jusqu'à 6 h à l'avance).*

Mes ingrédients signature

Voici dix ingrédients que je vous encourage vivement à découvrir et à garder en permanence dans vos placards. Bien que je les appelle mes ingrédients « signature », je n'en ai bien sûr pas le monopole et je n'ai rien inventé en les intégrant à ma cuisine, puisque d'autres l'ont fait avant moi !

Comme pour tous les produits alimentaires, la qualité peut varier du tout au tout. Si le prix est un premier indicateur, orientez aussi votre choix vers des produits « authentiques », c'est-à-dire en provenance de leur pays d'origine.

Bien entendu, il n'y a rien de mal à faire toutes vos courses au même endroit et à consommer des produits de supermarché mais, si vous habitez en ville ou que vous n'êtes pas contre les achats en ligne, autant faire un petit crochet (réel ou virtuel) par une boutique spécialisée. Sachez par exemple que ces produits sont disponibles dans nos boutiques londoniennes et sur notre site Internet.

Quoi qu'il en soit, ces dix ingrédients sont pour moi de vraies petites pépites gustatives qui permettent d'apporter de la profondeur et de la personnalité à toutes vos réalisations. De plus, je vous rassure, leur durée de conservation étant très étendue, vous n'allez pas devoir aromatiser tous vos plats à l'ail noir pendant un mois pour finir le pot une fois que vous l'aurez ouvert !

Enfin, chacun de ces ingrédients signature peut s'utiliser de multiples façons et je ne saurais que trop vous encourager à exprimer votre créativité. Bien que je sois persuadé que vous ne serez jamais à court d'idées, en voici justement quelques-unes pour vous familiariser avec ces produits et apprendre à les utiliser en général et dans les recettes de ce livre en particulier.

Le sumac est une épice de couleur pourpre obtenue en séchant, puis en broyant les baies de l'arbuste du même nom. Sa saveur acide et astringente permet de réveiller de nombreux plats, et notamment les œufs ou encore les viandes, poissons ou légumes grillés. On peut soit le saupoudrer directement dans son assiette, soit le faire infuser dans de l'huile pour créer une base de sauce ou de marinade. D'ailleurs, il y a quelques années, j'ai été obsédé pendant tout un été par les échalions marinés au sumac (p. 34) : j'en préparais à la pelle et j'en mettais sur toutes mes salades de tomates ! J'associe également souvent cette épice au yaourt pour créer des sauces (p. 217) que je sers avec des bouchées d'agneau ou sur des légumes rôtis. Notez également que, si le sumac est souvent considéré comme une épice « salée », il fonctionne pourtant tout aussi bien dans les desserts (p. 272) !

Mes ingrédients signature

Le zaatar est un mélange d'épices qui se présente sous la forme d'une poudre verte et qui se compose principalement de feuilles d'hysope (ou de thym) séchées et moulues, de graines de sésame, de sumac et de sel. La qualité et la composition du zaatar varient grandement selon les marques mais, pour ma part, je n'aime que ceux qui comprennent exclusivement ces quatre ingrédients. Comme le thym, les feuilles d'hysope ont un goût très caractéristique qui se marie plutôt avec les préparations salées. Leur saveur complexe rappelle l'origan et la marjolaine, avec des notes de cumin, de citron, de sauge et de menthe : une pincée suffit à aromatiser une huile ou à transformer un plat de viande, de poisson ou de légumes du tout au tout ! C'est le cas, par exemple, de la salade fraîcheur au tahin et au zaatar (p. 36). Le zaatar est aussi très utile pour apporter une touche de peps à vos sauces ou purées à base de légumes.

Le piment d'Urfa (en flocons) est sans conteste la variété de piment que j'utilise le plus au quotidien. Plus parfumé que réellement épicé, il livre des notes fumées, voire chocolatées, qui mettent en valeur de nombreux mets : œufs brouillés, tartine d'avocat, sandwich au fromage, etc. Dans ce livre, vous le trouverez par exemple saupoudré sur des tomates cerise rôties tout juste sorties du four (p. 70).

La cardamome en poudre pouvant s'avérer difficile à dénicher, la plupart des recettes de ce livre démarrent avec des capsules et non de la poudre. Bien entendu, si vous trouvez de la cardamome en poudre (nous en vendons dans notre boutique en ligne !) ou que vous en avez déjà sous la main, ne vous en privez pas ! Son arôme puissant, mais tout en rondeur, est très caractéristique et il s'accorde à merveille avec toutes sortes de mets sucrés ou salés. Ici, vous retrouverez par exemple cette épice dans nos sobas froides au citron vert (p. 181). Côté dosage, gardez en tête qu'avec la cardamome, on cherche une explosion de saveurs, et non une explosion de papilles… Il convient donc de respecter les quantités : 4 à 6 capsules de cardamome donnent à ¼ de cuillère à café de cardamome en poudre.

La mélasse de grenade a la consistance d'un sirop épais et se verse volontiers en filet sur les plats à base de viande ou de légumes pour leur apporter une note à la fois sucrée et acidulée. Pour ne donner qu'un exemple, la mélasse de grenade se marie divinement avec l'agneau haché, ce qui explique pourquoi j'en ajoute toujours un peu dans mes boulettes (p. 204). Enfin, vous pouvez en ajouter un filet dans vos marinades ou sauces si vous souhaitez les rendre plus sirupeuses et enrobantes.

La harissa à la rose est une purée de piments rouges très épicée originaire d'Afrique du Nord. Personnellement, j'en raffole, ce qui explique que je l'utilise à de nombreuses reprises dans ce livre pour faire, par exemple, mariner du faux-filet (p. 224). Cette harissa au parfum floral se distingue de sa cousine classique par l'ajout de pétales de rose dans sa composition, ce qui la rend plus douce et légèrement plus sucrée. Ceci étant dit, la différence de puissance varie grandement d'une marque à l'autre. Ainsi, si vous choisissez une marque différente de celle que nous avons utilisée pour tester les recettes de ce livre (Belazu, disponible sur Internet et dans notre boutique en ligne), n'hésitez pas à goûter votre harissa avant de démarrer la recette pour juger de la quantité à utiliser. De manière générale, les harissas des marques de distributeurs ne sont pas aussi puissantes que la Belazu, et il vous faudra donc prévoir 50 % de produit en plus que la quantité indiquée dans la recette. En revanche, la plupart des harissas (à la rose ou non) disponibles dans les épiceries exotiques sont si pimentées que vous devrez surement réduire la quantité indiquée dans la recette de 50 %. De toute façon, avec le piment, tout est affaire de goût et de tolérance, alors n'hésitez pas à faire des essais.

Le tahin est une sorte de purée de graines de sésame broyées à la texture crémeuse. Difficile a priori de faire plus simple, et pourtant la qualité varie énormément en fonction de la provenance et du procédé de fabrication. Ayant grandi au Proche-Orient, j'ai un faible pour les tahins libanais, israélien ou palestinien, que je trouve moins granuleux et plus savoureux que les tahins grecs ou cypriotes. Onctueux à souhait, ils peuvent s'incorporer dans toutes sortes de sauces, comme la vinaigrette à base de miel, mirin et sauce soja qui accompagne notre salade de spaghettis de mer au sésame (p. 183), ou se verser directement en filet sur de nombreux plats, et notamment les salades composées (p. 36). On peut aussi le déguster en tartine avec une fine couche de miel ou de sirop de dattes sur le dessus, ou s'en servir comme coulis sur une crème glacée à la vanille. Le tahin s'invite par exemple dans notre Parmentier d'agneau (p. 206) ou notre flétan à la tomate (p. 250).

Les baies d'épine-vinette sont beaucoup moins sucrées et plus acides que les raisins de Corinthe et, de ce fait, fonctionnent bien dans les pâtes à beignet, croquettes, frittatas, omelettes et salades de riz. Bien que seules deux recettes de ce livre – les galettes iraniennes aux herbes (p. 22) et la truite rôtie à la tomate et à l'orange (p. 248) – comprennent des baies d'épine-vinette, je vous encourage à faire une place permanente à ces petits fruits dans votre placard. Si vous n'arrivez pas à en trouver, remplacez-les par des raisins de Corinthe (en même quantité) que vous laisserez gonfler dans du jus de citron – env. 2 cuillères à soupe de jus de citron pour 3 cuillères à soupe de raisins – pendant 30 minutes, puis que vous égoutterez avant utilisation.

Mes ingrédients signature

L'ail noir n'est autre que de l'ail blanc que l'on a laissé confire plus de 30 jours dans l'eau de mer, de manière à créer déclencher une fermentation. Avec ses notes de réglisse, de caramel et de vinaigre balsamique, il est très concentré en parfums. Contrairement à l'ail « blanc », qui peut être un peu fort en goût (et donner mauvaise haleine), il offre des saveurs rondes, douces et umami. Dans ce livre, j'ai par exemple fait appel à l'ail noir pour contrebalancer l'amertume des choux de Bruxelles (p. 113) ou pour apporter de la rondeur à un plat de riz pilaf aux oignons (p. 168), mais n'hésitez pas à le tester dans d'autres recettes. Pourquoi ne pas essayer d'en ajouter une ou deux gousses émincées sur vos pizzas avant de les enfourner ou d'en incorporer dans vos risottos ?

Le citron confit possède une saveur d'agrumes très marquée qui éclate en bouche quand on le mange. Quand j'ai besoin de donner du peps à l'un de mes plats ou à l'une de mes sauces, je prélève la peau, la taille en brunoise et l'incorpore dans mes préparations. Pour les recettes de ce livre, j'ai opté pour des petits citrons confits à la peau fine et souple plutôt que pour les gros citrons à la peau épaisse et au goût puissant. Que ce soit pour apporter du contraste à une salade verte (p. 146) ou à une raïta de tomates et de concombres (p. 30), pour contrebalancer le côté terreux de la betterave (p. 125) ou pour apporter une touche de fraîcheur à un plat un peu copieux comme les œufs braisés (p. 6), le citron confit est un allié de choix dans la cuisine simple et savoureuse !

Concernant les recettes végétariennes, *vegan* et sans gluten
En écrivant ce livre, notre seul objectif était de créer des recettes réalisables par tout un chacun, sans faire de compromis sur la gourmandise, les saveurs ou la fraîcheur des produits. Contrairement à nos habitudes, nous n'avons donc pas cherché à inclure des recettes spécifiquement végétariennes, *vegan*, sans gluten, etc., mais bon nombre le sont pourtant, et j'en suis ravi ! La totalité des soupes, des recettes à base de légumes crus, de céréales, de riz, de légumes secs et des desserts, par exemple, sont végétariennes, ainsi que 80 à 90 % des recettes de brunch, de légumes cuits ou de pommes de terre. De même, 50 % des recettes à base de céréales, de riz, de pommes de terre, de légumes secs ou crus sont adaptées à une alimentation *vegan*. Pour une liste complète de nos recettes végétariennes, *vegan*, sans gluten, sans arachides et sans lactose, rendez-vous sur : books.ottolenghi.co.uk.

Index

Agneau : *Arayes* au tahin
et au sumac *214*
Bouchées à la pistache
217
Boulettes à la feta *204*
Épaule confite *215*
Noisettes aux amandes
et à la fleur d'oranger
208-9
Pain de viande, tahin,
tomates *212-213*
Parmentier au sésame
206-207
Parmentier épicé
aux haricots blancs *218*

Ail noir *302*
Choux de Bruxelles
au beurre noisette *113*
Riz pilaf aux oignons *168*

Amandes : Asperges
rôties aux câpres
et à l'aneth *82-83*
Cake aux myrtilles
et au citron *276*
Financier mûre-prune
au laurier *274*
Noisettes d'agneau
à la fleur d'oranger
208-209
Tomates, bettes
et épinards *72-73*

Anchois : Aubergines
rôties à l'origan *64*
Pizza blanche
aux pommes de terre
et à la sauge *150-151*
Salade de tomates
aux câpres *33*
Spaghettis à la salicorne
197

Asperges : Asperges rôties
aux amandes, aux câpres
et à l'aneth *82-83*
Kale mariné à la
moutarde et fèves *81*

Aubergines : Aubergines
rôties aux anchois
et à l'origan *64*
Aubergines rôties, sauce
yaourt et curry *66-67*
Boulgour à la tomate et
au yaourt citronné *162*
Lentilles du Puy,
tomates et yaourt
166-167
Pâtes à la sicilienne
184-185
Porc sauté
au gingembre
et aux cébettes *231*
Ragoût de lentilles *159*

Avocat : Guacamole
revisité aux saveurs
printanières *106*
Sobas froides au citron
vert et à la cardamome
181
Tartines au beurre
d'avocat et tomates
en sauce vierge *14*

Bar rôti au soja et
au gingembre *260-261*

Bâtonnets de poisson
à la noix de coco *252*

Betteraves : Pain de
betterave au chèvre
et aux graines *16*
Salade de betteraves
rôties au yaourt et
au citron confit *125*

Bettes : Pois chiches
et feuilles de bette
au yaourt *100*
Tomates, bettes
et épinards
aux amandes *72-73*

Bœuf : Boulettes à la
ricotta et à l'origan *221*
Boulettes au citron
et au céleri *220*
Faux-filet épicé, sauce
poivron-citron *224-225*
Salade au bœuf
et au basilic *205*

Boulettes : Bouchées
d'agneau à la pistache *217*
d'agneau à la feta *204*
de bœuf à la ricotta
et à l'origan *221*
de bœuf au citron
et au céleri *220*

Boulgour : à la tomate,
aux aubergines et au
yaourt citronné *162*
aux champignons
et à la feta *164-165*

Brocolis : Poêlée de
brocoli et kale à l'ail,
cumin et citron vert *75*
Rapini à la sauce soja, ail
et cacahuètes *76*

Bruns de Bâle *290-291*

Burrata au basilic,
brochettes de raisin
grillé *43*

Butternut : rôtie
aux lentilles
et au gorgonzola *119*
rôtie avec maïs, feta et
graines de courge *122*

Cake aux myrtilles, citron
et amandes *276*

Cardamome *300*
Filet de maquereau
sauce vierge pistache
et cardamome *244*
Sobas froides au citron
vert et à l'avocat *181*

Carottes : Carottes
nouvelles rôties, harissa
et grenade *116*
Salade à la cannelle,
sauce au yaourt
et aux herbes *118*

Cébettes : Carpaccio
de cœurs de bœuf
au gingembre *29*
Porc sauté
au gingembre
et aux aubergines *231*
Salade toute verte
aux herbes *47*

Céleri-rave : Boulettes
de bœuf au citron *220*
Céleri-rave rôti entier
128

Champignons : Boulgour
aux champignons
et à la feta *164-165*
Châtaignes
et champignons
au zaatar *112*
Toasts briochés,
champignons et œufs
pochés *10-11*

Châtaignes : Châtaignes
et champignons
au zaatar *112*
Poulet rôti d'Arnold *219*

Cheesecake : sans
cuisson au miel
et au yaourt *280-281*
sucré-salé à la cerise
268-269

Chocolat : Barres
chocolatées à la menthe
et à la pistache *288*
Bruns de Bâle *290-291*
Mijoté de poulet et son
croustillant de maïs
236-237
Roulés noisette, sésame
et Nutella *286-287*

Chou : Chou palmier
au chorizo et au citron
confit *85*
Chou rôti à l'estragon
et au pecorino *80*
Kale mariné
à la moutarde, asperges
et fèves *81*
Wok de Garry : chou
sauté à l'ail et au piment
87
Poêlée de brocoli
et kale à l'ail, cumin
et citron vert *75*

Chou-fleur : Chou-fleur
rôti entier *94-95*
Cru-cuit, grenade
et pistaches *91*
Gratin à la moutarde *92*
Salade de chou-fleur
et d'œufs à la reine *98-99*
Soupe de concombre
froide, chou-fleur
et gingembre *26*
Taboulé de chou-fleur *46*

Choux de Bruxelles
au beurre noisette
et à l'ail noir *113*

Citron confit *302*
Chou palmier
au chorizo *85*
Raïta de tomates
et de concombres *30*
Salade de betteraves
rôties au yaourt *125*
Sauce au citron *146*

Index

Clafoutis aux figues
et au thym *278*

Concombre : Nouilles de
riz froides au pavot *178*
Raïta de tomates
et de concombres *30-31*
Salade de mâche
et de concombre *38*
Soupe froide, chou-
fleur et gingembre *26*

Courge butternut
(voir Butternut)

Courgettes : à l'étuvée,
ail et origan *56*
farcies, sauce vierge
aux pignons *60-61*
Écrasé de courgettes
à l'ail et aux herbes *57*
Frittata moelleuse *9*
Tagliatelles de
courgettes au thym
et aux noix *31*
Velouté petits pois
et basilic *53*

Crème aux œufs fraise-
rhubarbe *271*

Crevettes : Croquettes
au maïs *263*
Risoni aux tomates
et à la feta marinée *193*
Salade de légumes
et de gambas grillés *258*

Croquettes : aux petits
pois, à la feta
et au zaatar *20*
de crevettes au maïs
263
de poisson fumé
au panais *257*
Tacos aux croquettes
de poisson et
à la mangue *254*

Curry : Aubergines rôties,
sauce yaourt *66-67*
Salade de chou-fleur
et d'œufs à la reine *98-99*
Soupe de lentilles corail,
tomates et lait de coco *52*

Épinards : Pommes
de terre en robe
des champs
au gorgonzola *134-135*
Tomates, bettes
et épinards
aux amandes *72-73*
Épine-vinette *301*
Galettes iraniennes
aux herbes *22*
Sauce vierge tomates,
orange et épine-vinette
248-249

Fèves : Guacamole revisité
aux saveurs printanières
106
Kale mariné
à la moutarde
et asperges *81*

Filet de maquereau
sauce vierge pistache et
cardamome *244-245*

Financier mûre-prune
au laurier *274*

Fraises : Crème aux œufs
fraise-rhubarbe *271*
Verrines au sumac
et yaourt égoutté *272*

Framboises : Cresson
et radicchio aux pêches
et cinq épices *41*
Gâteau pêche-
framboise aux noisettes
283
Semifreddo *292-293*

Frittata moelleuse
aux courgettes *9*

Fromage : Arayes
d'agneau au tahin
et au sumac *214*
Boulettes d'agneau
à la feta *204*
Boulettes de
bœuf à la ricotta
et à l'origan *221*
Boulgour
aux champignons
et à la feta *164-165*
Burrata au basilic,
brochettes de raisin
grillé *43*
Butternut aux lentilles
et au gorgonzola *119*
Butternut avec
maïs, feta et graines
de courge *122*
Chou rôti à l'estragon
et au pecorino *80*
Croquettes aux petits
pois, à la feta
et au zaatar *20*
Frites au four à la feta
et à l'origan *138*
Gnocchis à la romaine
198
Gratin de chou-fleur
à la moutarde *92*
Omelettes à la harissa
et au manchego *7*
Pain de betterave
au chèvre et aux graines
16
Pain de maïs au fromage
et au piment *19*
Pommes de terre
en robe des champs,
gorgonzola et épinards
134-135
Risoni aux crevettes,
tomates et feta marinée
193
Trofie au basilic et
aux pistaches *194*

Galettes iraniennes
aux herbes *22*

Gâteaux : Cake
aux myrtilles, citron
et amandes *276*
Financier mûre-prune
au laurier *274*
aux pommes
et aux épices *285*
pêche-framboise
aux noisettes *283*

Gnocchis à la romaine *198*

Gombos express, sauce
aigre-douce *86*

Grenade : Carottes
nouvelles rôties
à la harissa *116*
Cru-cuit de chou-fleur
aux pistaches *91*
Garniture grenade
et olives vertes *171*
Mélasse *300*
Riz à la menthe
et aux olives vertes *171*

Haricots blancs :
Parmentier d'agneau
épicé *218*
Purée au muhammara
107

Haricots verts : Haricots
verts et tofu en sauce
rouge *104*
Salade de haricots verts
au sarrasin *157*
Salade de haricots verts
aux deux citrons *111*

Harissa *301*
Brouillade de tofu *13*
Carottes nouvelles
rôties à la grenade *116*
Faux-filet, sauce
poivron-citron *224-225*
Omelettes
au manchego *7*
Pappardelle aux olives
noires et aux câpres
188
Pétales de cabillaud
et pois chiches *262*
Pommes de terre à l'ail
confit au four *142*
Salade croquante, laitue
et robes des champs
146

Herbes : Courgettes
et petits pois, semoule
au lait *63*
Écrasé de courgettes
à l'ail *57*
Galettes iraniennes *22*
Salade de carottes
à la cannelle, sauce
au yaourt *118*
Salade toute verte
aux cébettes *47*
Sauce au citron vert *131*

Kale : Kale mariné
à la moutarde, asperges
et fèves *81*
Poêlée de brocoli
et kale à l'ail, cumin
et citron vert *75*

Laitue : Salade croquante
et robes des champs
146
Salade verte, sauce
fourre-tout *37*

Index

Légumes : crus 25-47
(voir aussi chaque légume à son nom)
cuits 49-153

Lentilles : Butternut rôtie au gorgonzola 119
Lentilles du Puy au caviar d'aubergine, tomates et yaourt 166-167
Ragoût aux aubergines 159
Soupe au curry, tomates et lait de coco 52

Maïs : Butternut rôtie à la feta et aux graines de courge 122
Croquettes de crevettes 263
Mijoté de poulet au chocolat 236
Pain de maïs au fromage et au piment 19
Salade de légumes et de gambas grillés 258

Mijotés : de haricots plats à la tomate 101
de poulet au chocolat 236-237

Muhammara 107

Noisettes : Gâteau pêche-framboise 283
Roulés au sésame et au Nutella 286-287

Noix de coco : Bâtonnets de poisson 252
Soupe de lentilles corail au curry et à la tomate 52

Nouilles : Nouilles de riz au concombre et au pavot 178
Soba au citron vert, cardamome et avocat 181

Œufs : Crème aux œufs fraise-rhubarbe 271
Frittata moelleuse aux courgettes 9
Œufs braisés aux poireaux et au zaatar 6
Omelettes à la harissa et au manchego 7
Pommes de terre en robe des champs et sauce au thon 136
Salade de chou-fleur à la reine 98-99
Toasts briochés, champignons et œufs pochés 10-11

Olives : Garniture grenade et olive vertes 171
Pappardelles aux olives noires, câpres et harissa à la rose 188
Riz à la menthe, grenade et olives vertes 171

Pain : de betterave au chèvre et aux graines 16
de maïs au fromage et au piment 19

Patates douces : Frites épicées 145
Purée, sauce aux herbes et au citron vert 131

Pâtes 184-197

Pêches : Cresson et radicchio, framboises et cinq épices 41
Gâteau pêche-framboise aux noisettes 283

Pétales de cabillaud, pois chiches et harissa 262

Petits pois : Courgettes aux herbes, semoule au lait 63
Croquettes à la feta et au zaatar 20
Pommes de terre nouvelles à la coriandre 147
Velouté de courgettes et basilic 53

Piments : Caviar 30-31
Cœurs de bœuf grillées, ail et gingembre 68
d'Urfa en flocons 300
Flétan à la tomate, sauce sésame 250
Frites de patate douce 145
Pain de maïs au fromage 19
Tagliatelles piquantes aux tomates cerise 187
Wok de Garry 87

Pistaches : Barres chocolatées à la menthe 288
Bouchées d'agneau, sauce au yaourt et au sumac 217
Cru-cuit de chou-fleur à la grenade 91
Sauce vierge pistache et cardamome 244-245
Tartare de truite au beurre noisette 243
Trofie au basilic 194

Pizza aux pommes de terre, anchois et sauge 150-151

Pois chiches : Gigli au zaatar 191
Pétales de cabillaud à la harissa 262
Pois chiches et feuilles de bette au yaourt 100

Poisson 241-265

Poivrons : Faux-filet épicé, sauce poivron-citron 224-225
Muhammara 107
Ragoût d'encornets 259

Pomme : Gâteau aux pommes et aux épices 285
Salade de pastèque, granny smith et citron vert 40

Pommes de terre :
Frites au four à la feta et à l'origan 138
Pizza aux anchois et à la sauge 150-151
à la harissa et à l'ail confit au four 142
en robe des champs, gorgonzola et épinards 134-135
en robe des champs, œufs et thon 136
nouvelles et petits pois à la coriandre 147
Pommes sautées au romarin et au sumac 139
Purée à l'huile d'olive 130
Salade croquante 146

Porc sauté au gingembre, cébettes et aubergines 231

Poulet : Aiguillettes panées aux graines 235
Cuisses Marbella 229
Mijoté au chocolat et croustillant de maïs 236-237
au miso, gingembre et citron vert 230
rôti au citron 227
rôti d'Arnold 219

Ragoûts : de lentilles aux aubergines 159
d'encornets au poivron rouge 259

Riz : aux tomates confites et à l'ail 174
à la menthe, à la grenade et aux olives vertes 171
gluant et julienne croustillante 173
pilaf aux oignons et à l'ail noir 168

Salades : Cresson et radicchio aux pêches, framboises et cinq épices 41
Cru-cuit de chou-fleur, grenade et pistaches 91
Méli-mélo de tomates, échalion au sumac et pignons 34

Index

Nouilles de riz
au concombre
et au pavot *178*
au bœuf et au basilic *205*
croquante, laitue
et robes des champs *146*
de carottes à la cannelle
118
de chou-fleur et d'œufs
à la reine *98-99*
de haricots verts
au sarrasin *157*
de haricots verts
aux deux citrons *111*
de légumes et de gambas
grillés *258*
de mâche
et de concombre *38*
de pastèque, granny
smith et citron vert *40*
de spaghettis de mer
au sésame *183*
de tomates aux anchois
et aux câpres *33*
fraîcheur au tahin
et au zaatar *36*
aux cébettes
et aux herbes *47*
verte, sauce fourre-tout
37
Tagliatelles de courgettes
au thym et aux noix *31*

Sauces : aigre-douce *86*
au thon *136*
aux cébettes
et au gingembre *29*
aux herbes et au citron
vert *131*
aux pignons *60-61, 246*
fourre-tout *37*
poivron-citron *224-225*
rouge *104*
sésame *206, 250*
verte au sésame *95*
vierge pistache
et cardamome *244-245*
vierge à la tomate *14*
vierge tomates, orange
et baies d'épine-vinette
248-249

Saumon grillé, sauce
aux pignons *246*

Semifreddo
à la framboise *292-293*

Semoule : Gnocchis
à la romaine *198*

Semoule au lait *63*
Taboulé à ma façon *158*

Sésame : (voir aussi Tahin)
Flétan à la tomate
et au piment *250*
Parmentier
d'agneau *206-207*
Roulés noisette
et Nutella *286-287*
Salade de spaghettis
de mer *183*
Sauce verte *95*

Soupes : de citrouille
au safran et à l'orange
54-55
de concombre, chou-
fleur et gingembre *26*
de lentilles corail
au curry, tomates et lait
de coco *52*
Velouté de courgettes,
petits pois et basilic *53*

Sumac *299*
Arayes d'agneau
au tahin *214*
Bouchées
d'agneau à la pistache,
sauce au yaourt *217*
Méli-mélo de tomates,
échalion et pignons *34*
Verrines de fraises
rôties et yaourt égoutté
272

Taboulés : à ma façon
158
de chou-fleur *46*

Tacos aux croquettes de
poisson et à la mangue
254

Tahin *301* (voir aussi
Sésame)
Arayes d'agneau
au sumac *214*
Pain de viande, agneau,
tomates *212-213*
Salade fraîcheur
au zaatar *36*
Vinaigrette *183*

Tartines au beurre
d'avocat et tomates
en sauce vierge *14*

Toasts briochés,
champignons et œufs
pochés *10-11*

Tofu : Brouillade
à la harissa *13*
Haricots verts en sauce
rouge *104*

Tomates : Boulgour
aux aubergines
et au yaourt *162*
Carpaccio de cœurs
de bœuf *29*
Chaud-froid de tomates
cerise *70*
Cœurs de bœuf grillées,
piment, ail et gingembre
68
Flétan au piment, sauce
sésame *250*
Lentilles du Puy au caviar
d'aubergine et au yaourt
166-167
Méli-mélo aux échalions
au sumac et pignons
de pin *34*
Mijoté de haricots plats
101
Pain de viande, agneau,
tahin *212-213*
Pâtes à la sicilienne
184-185
Raïta de tomates
et de concombres *30-31*
Risoni aux crevettes
et à la feta marinée *193*
Riz au four aux tomates
confites et à l'ail *174*
Salade de légumes
et de gambas grillés *258*
Salade aux anchois
et aux câpres *33*
Sauce rouge *104*
Sauce vierge à la pistache
et à la cardamome *244*
Sauce vierge
aux tomates *14*
Sauce vierge à l'orange
et à l'épine-vinette
248-249
Soupe de lentilles
corail au curry et au lait
de coco *52*
Taboulé à ma façon *158*
Tagliatelles piquantes *187*
Tomates, bettes
et épinards aux amandes
72-73

Truite : Tartare
au beurre noisette
et aux pistaches *243*
rôtie, tomates, orange
et baies d'epine-vinette
248-249

Verrines de fraises
rôties au sumac
et yaourt égoutté *272*

Vinaigrette *47, 258*
au tahin *183*

Yaourt : Aubergines
rôties, sauce curry *66-67*
Boulgour à la tomate,
aux aubergines
et au yaourt citronné
162
Chaud-froid de tomates
cerise au yaourt
citronné *70*
Cheesecake sans
cuisson au miel *280-281*
Lentilles du Puy
au caviar d'aubergine
et à la tomate *166-167*
Pois chiches et feuilles
de bette *100*
Raïta de tomates
et de concombres *30-31*
Salade de betteraves
rôties au citron confit
125

Sauce au sumac *217*
Sauce aux herbes *118*
Verrines de fraises
rôties au sumac
et yaourt égoutté *272*

Zaatar *300*
Châtaignes
et champignons
au zaatar *112*
Croquettes aux petits
pois et à la feta *20*
Gigli aux pois chiches
191
Œufs braisés
aux poireaux *6*
Salade fraîcheur
au tahin *36*

Remerciements

Bien que ce soit mon nom qui apparaisse sur la couverture, celui de deux autres personnes mérite d'y figurer tout autant, car on retrouve leur patte dans chaque page de ce livre.

Tara Wigley a déjà travaillé avec moi sur plusieurs ouvrages, m'apportant à chaque fois son discernement et sa perspicacité sans égal. Dans SIMPLE, son dernier « bébé », c'est elle par exemple qui a eu l'idée de créer les pictogrammes pour illustrer les différentes formes de simplicité et de répertorier les recettes en fonction. Son expérience en tant que chef mais aussi ses talents d'écrivain ont ainsi joué un rôle majeur dans l'élaboration de ce livre.

Sur le papier, Esme Howarth est notre goûteuse culinaire, mais ceux qui connaisse la précision presque chirurgicale avec laquelle elle teste et évalue chacune des recettes sélectionnées savent que ce titre ne rend absolument pas justice à sa précieuse contribution. Pour ce livre, je lui dois certaines recettes dans leur intégralité, ainsi que quantité de petits ajustements.

Je tiens également à remercier Claudine Boulstridge qui a cuisiné chacune des recettes de ce livre et les a servies à sa famille pour nous offrir un retour constructif. Merci aussi à Ixta Belfrage pour toutes ses remarques et suggestions pertinentes.

J'ai également la chance de collaborer de longue date avec Jonathan Lovekin et Caz Hildebrand qui, sur ce livre, ont respectivement assuré la photographie et la conception graphique. Wei Tang, merci pour la vaisselle, les accessoires et les deux canards en argent.

Mes pensées vont aussi à Noam Bar, Cornelia Staeubli et Sami Tamimi.

Merci à Felicity Rubinstein, Kim Witherspoon, Lizzy Gray, Louise McKeever, Rebecca Smart, Jake Lingwood, Mark Hutchinson, Gemma Bell, Sarah Bennie, Diana Riley, Helen Everson, Aaron Wehner, Lorena Jones et Sandi Mendelson.

Merci également à Gitai Fisher, Sarah Joseph, Bob Granleese, Melissa Denes, Josh Williams et Nichole Dean.

Pour finir, je tiens à remercier ma famille, de sang et de cœur : Karl Allen, Max et mon petit Flynn ; Michael et Ruth Ottolenghi ; Tirza, Danny, Shira, Yoav et Adam Florentin ; Pete et Greta Allen, Shachar Argov, Helen Goh, Garry Chang, Alex Meitlis, Ivo Bisignano, Lulu Banquete, Tamara Meitlis, Keren Margalit, Yoram Ever-Hadani, Itzik Lederfeind, Ilana Lederfeind et Amos, Ariela et David Oppenheim.

Yotam Ottolenghi

Remerciements

Tara tient à remercier les personnes suivantes pour leur aide et leur soutien : Vicki Howard (pour ses conseils sur le texte), Cornelia Staeubli (pour son soutien de manière générale), Carenza Parker (pour son aide lors des dégustations et avec la vaisselle qui s'ensuivait !), Sala Fitt (pour son coup de fourchette et son goût du bon vin), Suzanna et Richard Roxburgh, Alison et Alec Chrystal, Sophie O'Leary (pour leur aide avec les enfants) et Chris Wigley pour toutes ces raisons réunies et plus encore.

Tara Wigley

Esme remercie son mari Mark Howarth pour son soutien sans faille et ses papilles toujours prêtes pour de nouvelles aventures ; son énorme « bosse » de 39 semaines pour ne pas lui avoir causé trop de nausées matinales et l'avoir laissé continuer à cuisiner et goûter les recettes de ce livre ; ses parents, Waring et Alison Robinson, pour lui avoir insufflé leur créativité – avec une mention spéciale pour sa mère, avec ses bons petits plats de riz et de lentilles en sauce et ses mijotés à se damner ; tous ses proches, y compris ses amis marins, par leur remarques, conseils et encouragements à chaque fois qu'elle cuisinait pour eux – et pour le poisson frais ! Enfin, un grand merci à la famille Ottolenghi dont le soutien n'a pas de limite.

Esme Howarth

Édition originale publiée en 2018, sous le titre *Simple*, au Royaume-Uni par Ebury Press, Ebury Publishing, 20 Vauxhall Bridge Road, London, SW1V 2SA

Ebury Press est un éditeur du groupe Penguin Random House (global.penguinrandomhouse.com)

Textes © Yotam Ottolenghi 2018
Photographies © Jonathan Lovekin 2018
En accord avec le Copyright, Designs et Patents Act 1988, Yotam Ottolenghi sont les auteurs attestés de ce livre.
Conception graphique : Here Design
Photographies : Jonathan Lovekin
Stylisme : Wei Tang
Production : Helen Everson

Toute représentation ou reproduction, intégrale ou partielle, faite sans le consentement de l'auteur, ou de ses ayants droit ou ayants cause, est illicite (art. L 122-4 du Code de la propriété intellectuelle). Cette représentation, ou reproduction, par quelque procédé que ce soit, constituerait une contrefaçon sanctionnée par l'article L 3345-2 du Code de la propriété intellectuelle.

Édition française
© Hachette Livre (Hachette Pratique), 2018
58 rue Jean-Bleuzen 92178 Vanves
Traduction : Paula Lemaire
Relecture : Odile Raoul
Mise en page : Nord Compo (Villeneuve-d'Ascq)
L'éditeur remercie Camille Lenglet pour son aide précieuse.
Achevé d'imprimer en Espagne par Gráficas Estella, en février 2021
Dépôt légal : octobre 2018
28-7622-9/14
ISBN : 978-2-01-135683-3

L'éditeur utilise des papiers composés de fibres naturelles, renouvelables, recyclables et fabriquées à partir de bois issus de forêts qui adoptent un système d'aménagement durable. L'éditeur attend également de ses fournisseurs de papier qu'ils s'inscrivent dans une démarche de certificat

PAPIER À BASE DE FIBRES CERTIFIÉES

 s'engage pour l'environnement en réduisant l'empreinte carbone de ses livres. Celle de cet exemplaire est de : **2,7 kg éq. CO₂** Rendez-vous sur www.hachette-durable.fr